www.tredition.de

AF177145

Georg Grote

Bis zur Neige

Eine Reise

www.tredition.de

© 2018 Georg Grote

Verlag und Druck: tredition GmbH, Hamburg

ISBN
Paperback: 978-3-7469-4021-2
Hardcover: 978-3-7469-4022-9
e-Book: 978-3-7469-4023-6

Prolog

Idir Eatarthu, Ende Dezember 1995

Einige Tage nach diesen Ereignissen fuhr ich nach Irland; das dritte oder vierte Mal, glaube ich. Wir hatten beschlossen, das Haus zu verkaufen und recht bald einen Käufer dafür gefunden. Die Entscheidung war uns schwergefallen, aber unter den Umständen schien dies das Beste zu sein. Ich sollte nun den Verkauf vollziehen, einige persönliche Dinge meines Bruders zurück nach Deutschland bringen und den Rest, das Inventar, die Bücher, seine Motorräder und das Auto versteigern.

Ich hatte nie so recht verstanden, was ihn in diese abgelegene Ecke Europas gezogen hatte; für ihn, der so gerne durch Europa gereist war, war Irland die ungünstigste Ausgangsposition. Er mußte in Irland auch jenes mediterrane Flair vermißt haben, das er im Süden so geliebt hatte. Irische Sommer waren feucht, die Winter naßkalt und zugig, und er hatte mir oft erzählt, daß er seine Freunde in Deutschland und auf dem Kontinent vermißte.

Als ich an diesem feuchtkalten Morgen in den letzten Dezembertagen vom Flughafen zurückkehrte, die Eltern sicher auf dem Weg nach Deutschland wußte und das Auto in der Einfahrt abstellte, ging ich die wenigen Schritte zum Haus hinauf und empfand die Stille als gewaltig. Es war überwältigend ruhig hier, ein Ort, nicht von Motorlärm und schriller Hektik verunreinigt. Keine Hupe und kein dröhnender Lastwagen, keine Sirene störte die Ruhe im blassen Sonnenschein. Die kahlen Eichen bewegten sich leise knarrend, das Pampasgras raschelte und die langen spitzen Blätter der Palme am Tor zischelten über die Hauswand. Er hatte das Haus *idir eatarthu* genannt, ich glaube, das war gälisch und bedeutete 'zwischen den Welten' – ganz passend für ihn, der sich nirgends so richtig zugehörig gefühlt hatte. An der Haustüre wurde ich von der kleinen Katze begrüßt. Sie muß sich sehr allein gefühlt haben, denn sie sprang an meinen Beinen hoch und bettelte darum, gestreichelt zu werden. Im Haus war es kalt, doch nachdem ich den Ofen in der Küche und den Kamin mit Torf gefüllt und angezündet hatte, verbreitete sich schnell eine wohlige Wärme.

Es war schwierig, wenn nicht unmöglich, aus diesem Haus, das angefüllt war mit Dingen, die mein Bruder von seinen Reisen mitgebracht hatte, den Mengen an Photographien an den Wänden, den alten Kameras, die er früher einmal gesammelt hatte, und den Büchern, die über das ganze Haus verteilt waren, irgendetwas besonderes herauszusuchen und mit nach Deutschland zu nehmen. Das ganze kleine Cottage war irgendwie so etwas wie ein Gesamtkunstwerk, oder ein umfassendes persönliches Statement, das man nicht guten Gewissens sezieren konnte. Ich wußte auch nicht, wo die Grenze war zwischen Dingen, die ihn ausmachten und anderen, die er mitgebracht hatte und mit denen er sich in seiner kleinen Welt umgeben hatte. *Idir eatarthu* passte auch zum Sammelsurium von Reisemitbringseln. Um zu spüren, dass man sich in Irland befand, musste man schon aus dem Fenster sehen.

Am Nachmittag klingelte Frank an der Haustüre, und da es ein sonniger Tag war, fuhren wir hinauf in die Berge. Irgendwo in Glencree ließen wir den Wagen stehen und wanderten über den Grat in ein kleines, eher unscheinbares Tal. Es lag still in der fahlen Sonne eines irischen Wintertages. Ein kleiner Fluß rann durch die Senke, ansonsten gab es nicht viel, kein Haus, keine Straße, nur

einen kleinen Pfad und ein paar niedere Bäume, die aus den ver-
blühten Farnen hinausragten. Dieses flache Tal, so erklärte mir
Frank, sei einer der Lieblingsplätze meines Bruders gewesen. In
der Mitte dieses Tales, unter einem Schlehenbusch, waren einige
der Natursteine derart dick mit weichem Moos überwuchert, daß
sie einen bequemen Sitzplatz bildeten. Hier habe er oft gesessen
und Frank vermutete, daß, wenn es einen Ort gegeben hat, an
dem mein Bruder sich zuhause gefühlt hatte, es diese Stelle in
den Bergen Wicklows gewesen war.

Frank schenkte mir eine Tasse heißen Tee aus seiner Thermos-
kanne ein und schlug vor, einige Minuten an dieser Stelle zu bleiben. Als ich unter diesem Schlehenbusch saß, den kleinen Fluß ein
paar Meter weiter murmeln hören konnte und auf die karge,
bräunliche Winterlandschaft mit den gelegentlichen hellen Stellen,
die von dünnem Schnee zeugten, blickte, spürte ich den Frieden,
der von diesen Bergen ausging. Nur wenige Kilometer von der
Straße entfernt, aber weitab von der Zivilisation gab es hier nur
noch die Natur, ein paar Tiere und den Wind, der jetzt von Osten
in das Tal hineinpfiff und mich frösteln machte. Es war unwirtlich
hier, so mitten im Winter, doch konnte ich die Liebe meines Bruders für diesen Flecken nachvollziehen, denn es war still in dieser
Gegend, und nicht nur das, es war friedlich.

Wir fuhren zurück zum Cottage und tranken Wein. Er hatte diese Weinbauern in den Dolomiten gut gekannt, und hatte eigentlich immer einige Flaschen ihres Rotweines im Haus. Ich weiß nicht, wie er sie immer nach Irland transportierte, denn meistens war er mit dem Motorrad dort gewesen, und selten allein. Wir tranken viel Wein in dieser Nacht am lodernden Torffeuer. Wir redeten und verdrängten; Frank versuchte, den traurigen Ereignissen etwas Positives abzugewinnen, erzählte, wie erfüllt das Leben meines Bruders doch gewesen war, und wie glücklich, wiewohl natürlich viel zu kurz. Er hatte Recht, letztlich weinten wir um uns, nicht um ihn, doch man verliert nun mal nicht allzu oft einen Bruder. Nachdem Frank gegangen war, wurde die Stille wieder allgegenwärtig. Es gab kein Telefon mehr, - und was war dies für eine Erholung für mich, der ich ständig mit meinem Mobiltelefon umherrannte um in Kontakt mit meinen Kunden zu sein - und selbst der im Kamin verbrennende Torf brannte lautlos. Ich begann langsam zu verstehen...

Am nächsten Morgen verdrückte ich ein kurzes Frühstück in einer winterlich-kalten Küche, denn ich hatte vergessen, den Ofen für die Nacht zu füllen. Mit einer Tasse heißen Tees in der Hand trat ich hinaus in den Sonnenschein und öffnete die blauen Holztore des kleinen weißen Schuppens. Die fahle Morgensonne schien auf die beiden alten, schwarzen Motorräder. An eines war ein großer, altertümlicher Seitenwagen mit einem Reserverad am Heck angeschlossen. Wicklows Spinnen hatten bereits Besitz von den Maschinen genommen und begonnen, ihre Netze von den Lenkern zu den Schutzblechen und hinunter zu den Zylindern zu spinnen. Die alten BMWs waren schön, und ich erinnerte mich, wieviel Arbeit ihn die Aufarbeitung der Maschinen gekostet hatte. Ich hatte mir nie viel aus Motorrädern gemacht; selten einmal hatte ich auf einem gesessen, wußte nur, daß sie eigentlich viel zu gefährlich für den heutigen Verkehr sind.

Das Gespann sah aus, als sei es gerade erst aus dem Süden zurückgekehrt; daß der gelbliche Staub auf den Schutzblechen, der Lampe und dem Beiboot konnte nicht von den Straßen Irlands stammen. Der Zündschlüssel steckte in der Lampe und auch der Tankrucksack war noch auf dem Tank festgezurrt, und als ich ihn öffnete, fand ich darin ein paar Schraubenschlüssel, Klebeband und einige zerlesene Bücher, *Plays, Poems and Prose by John Millington Synge*, *A Time of Gifts* und *Travelling with Chatwin*, englischsprachige Bücher, die mir nichts sagten und deren Autoren ich nicht kannte. Die Kartentasche war aufschlußreicher, sie war angefüllt mit Straßenkarten Italiens, Griechenlands und der Türkei. Über alle Karten spann sich ein schmaler, schwarzer Strich, der nur selten einmal über eine Autobahn oder eine Nationalstraße lief, sondern sich meist über kleine und kleinste Nebenstrecken zog und schlängelte. Das muß seine Tour im Sommer gewesen sein; er hatte mir bei unserem letzten Treffen davon erzählt.

Unwillkürlich mußte ich lachen; als Junge schon hatte er die alten Straßenkarten, die unser Vater nicht mehr brauchte, genommen und darauf imaginäre Reisen unternommen. Mit einem Filzstift fuhr er so von München bis nach Indien und von Casablanca bis nach Kapstadt. Eine seiner Reisen auf einer alten Karte, die ihm unser Großvater gegeben hatte, führte vom Niederrhein bis nach Königsberg, und ich erinnere mich noch lebhaft an sein Unverständnis widerspiegelndes Gesicht, als unser Vater ihm erklärte, daß er wohl nie über Land bis nach Königsberg reisen könne, denn dazwischen seien Grenzen, die unüberwindlich seien. Das muß irgendwann in den siebziger Jahren gewesen sein, ich war vielleicht erst fünf oder sechs, doch gehört diese Episode zu den ersten Erinnerungen, die ich mit ihm verbinde.

Und jetzt stand ich hier, an einem kalten Dezembermorgen, im Schuppen und las in den Straßenkarten der Türkei die Spuren unserer Kindheit. Entlang der schwarzen Linie gab es gelegentlich kleine Eintragungen, zwischen Athen und Piräus etwa steht 'Nadine', - wer ist Nadine? - südlich von Pisa in der Nähe des Flughafensymbols stehen zwei Daten '3.7.' und '18.7.' und ein Name, 'Lisa'; das war einfacher, denn er war schließlich mit ihr in Italien gewesen. Ich habe sie nie kennengelernt, seine irische Freundin, von der er sich, so sagt Frank, direkt nach seiner Rückkehr nach Irland getrennt hatte, doch Frank beschreibt sie als 'nice girl', rothaarig, klein und sehr unscheinbar, aber wohl eine lustige Person, lustig auch ihr gemeinsames Auftreten - sie knapp über 1,50 m und er stattliche 2 m groß.

Die Türkeikarte trägt viele Vermerke, und nicht alle sind von ihm. Die andere Schrift ist größer, die Buchstaben steiler und nach rechts geneigt. Im Beiwagen liegen ein paar Muscheln und ein großer Metallkanister mit Olivenöl.

Es muß letzten Endes alles noch wesentlich schneller gegangen sein als der Arzt andeutete, denn überall sieht es nach einem unterbrochenen Leben aus: die Übrigbleibsel der Reise hier in diesem Beiboot, die unkorrigierten Hausarbeiten einiger Studenten auf dem Wohnzimmertisch, die Berge von ungeordneten Photos auf seinem Schreibtisch. Sogar der Ofen war bei unserer Ankunft noch voller Asche gewesen.

Auf dem Schreibtisch lag auch die Post, die sich in den letzten Wochen im Briefkasten angesammelt hatte: Post von der Telefongesellschaft, die, da die Rechnung nicht bezahlt wurde, das Telefon abgeklemmt hatte, Postkarten von Freunden aus Deutschland, die auf irgendwelchen Skihütten ihre Wintertage verbrachten und zwei Briefe mit derselben steilen Handschrift, die ich schon auf der Landkarte gesehen hatte.

Er hatte niemandem etwas gesagt, selbst den besten Freunden nicht, auch uns, der Familie hatte er keine Zeile gegönnt, uns keine Chance gegeben, ihn zu trösten und ihn in den letzten Wochen zu begleiten. Dabei hatte er es schon länger wissen müssen; eine schleichende Krankheit kommt nicht so einfach über Nacht. Ja, ich bin sogar überzeugt, daß er, als wir uns das letzte Mal in Deutschland trafen, an einem späten Augustnachmittag zum Geburtstag unserer Eltern und er, braungebrannt und wie üblich im Mittelpunkt der Gesellschaft von Verwandten und Freunden der Eltern stehend, ganz genau gewußt hat, daß es das letzte Mal für ihn sein würde. Er scherzte mit allen und stritt mit unserem Onkel, dessen Ansichten er nie teilte, egal über was sie redeten - manchmal dachte ich, die beiden machten sich einen Sport aus ihren Meinungsverschiedenheiten -, er grillte ganze Berge von Würstchen auf dem offenen Grill hinten im Garten, um die große Gesellschaft satt zu bekommen und balgte mit Janosch, meinem kleinen Sohn, herum, den er fast wie sein eigenes Kind behandelte.

Das war im Sommer gewesen, und unter den Photos auf seinem Schreibtisch fand ich einige, die von diesem mir als unbeschwert und fröhlich in Gedächtnis haftengebliebenen Tag in unserem Elternhaus am Niederrhein erzählten. Ein schönes Bild, dieser Riese mit dem winzigen Eineinhalbjährigen auf den Schultern...

Andere Photos sprachen von südlicher Sonne, den Alpen und Kleinasien, toskanischen Häuserfronten, einem Motorradgespann vor dem Petersdom in Rom, einer kleinen, rothaarigen Irin - ich tippe auf Lisa - über einer Tasse Cappuccino, einem Weingut in den Dolomiten, lachenden Menschen (die ich nicht kannte) an einem Bergsee, einer Fronleichnamsprozession in Polen, tuffsteinernen Kegeln in Kappadozien, Bergen von Melonen und silbernen Fischen in einem Hafen etc., - gesammeltes Strandgut eines Urlaubs eben.

Ich fand auch mehrere vollgeschriebene Notizbücher, offenbar Reisetagebücher, und fing an, in ihnen zu blättern. Sie gaben den ganzen Bildern plötzlich Sinn, bildeten gleichsam den Pfad durch die Hügel der Photos vor mir. Nachdem ich die Notizbücher gelesen hatte, beantworteten sich meine Fragen wie von selbst, ich erfuhr, wer die Menschen auf diesen Bildern waren, und welche Rolle sie in den letzten Kapiteln des Lebens meines Bruders gespielt hatten. Und mehr noch; sie gaben mir Einblicke in sein Denken und sein Fühlen und haben ihn mir nähergebracht als wir in den letzten Jahren je gewesen waren.

Ich weiß, daß sie nicht dazu bestimmt waren, von mir gelesen zu werden, doch welchen Unterschied macht das jetzt noch? Wer würde sie lesen, wenn nicht ich? Nachdem ich sie gelesen hatte, öffnete ich auch die beiden Briefe, denn ich wußte nun, wer sich dahinter verbarg - Nadine -, und ich glaube, daß sie um die Geschehnisse wissen sollte. Ihre Briefe fragten, warum er sich zu Weihnachten nicht gemeldet habe und ob sie sich, wie verabredet, denn in ihren Semesterferien in Irland treffen würden, und ob denn das Telefon kaputt sei...?

Warum tat er mir das an? Er hätte doch zumindest ihr ein paar Zeilen zukommen lassen können, irgend etwas, mir irgendwie die Verantwortung abnehmen müssen. Dies ist der einzige Punkt, den ich nicht verstehe, der mir absolut unverständlich bleibt, nachdem ich seine Notizen gelesen hatte.

Dennoch: Ich habe mir die Mühe gemacht, seine handschriftlichen Notizen mit der Schreibmaschine zu tippen. Es war eine ganze Menge Arbeit, und der Verkauf des Hauses verzögerte sich um einige Wochen. Meine Frau hatte wenig Verständnis dafür, daß ich noch einige Zeit hier in Irland brauchte, um alles zu einem Abschluß zu bringen, und ich kann es ihr auch nicht verübeln - immerhin steht sie mit dem Geschäft im Moment alleine da. Doch ich wollte hier einen Schlußpunkt setzen, in diesem Haus in den Hügeln, das er allein wieder renoviert und bewohnbar gemacht hatte in jenem Winter vor zwei Jahren. Ich weiß noch nicht einmal, ob sich irgendjemand für die Geschichten meines Bruders interessieren wird, so voller Brüche, wie ich sie hier vorfinde und aufschreibe. Er hat wenig Korrekturen angebracht; während der Reise durch Italien spricht er oft von 'wir' und hat dies später durch ein 'ich' ersetzt - er war nicht allein auf dieser Reise, Lisa war mit ihm, doch wollte er wohl den Eindruck vermitteln, daß er allein reiste. Warum, weiß ich nicht.

Er hat viel zurückgelassen, eine Unmenge Gedichte, von denen nur ganz wenige jemals die Kritik eines Verlegers überlebten und in Zeitungen gedruckt wurde. Doch diese drei Notizbücher, die ich im Folgenden so wiedergebe, wie ich sie hier vor Augen habe, möchte ich bewahren, denn ich fand unter dem Berg von Photos, die auf dieser Fahrt durch den Süden entstanden, eines, das ihn und eine junge Frau zeigt. Offenbar ein Photo, das mit dem Selbstauslöser aufgenommen wurde: Man sieht ihre Schultern und ihre Gesichter, dahinter das blaue Meer und ein wenig Küste mit weißen Häusern. Und sie lachen, beide lachen sie in die Kamera hinein, sie sind schön und ich weiß, daß sie glücklich sind in diesem Augenblick; ihre schwarzen Haare umgeben ihr fremdländisches, dunkelhäutiges Gesicht wie eine Wolke und scheinen wie bewegt in einer leichten Brise vom Meer. Er hat diese Lachfalten um die

Augen, die ich nur in jenen seltenen Momenten an ihm bemerkte, wenn er gelöst und befreit von allen Gedanken war.

Dieser Moment des Glücks, den ich an ihm in den letzten Jahren so selten gesehen hatte, ist mir die ganze Mühe des Schreibens wert, und wann immer ich in diesen Wochen, die mich das Tippen auf der alten Schreibmaschine gekostet hat, an meiner Mission zweifelte, sah ich auf und in dieses Photo hinein und wußte, daß es richtig war, diesen oft unzusammenhängenden Gedanken und den Erlebnissen der Reise meine Aufmerksamkeit zu widmen - das vielleicht Einzige und Letzte, das ich für meinen Bruder tun kann, um ihn vor dem Vergessenwerden zu bewahren. Es wäre schön, wenn auch Janosch einen Eindruck von ihm bekommen könnte...

I. Toskanische Hügelstädte

Irland im Juni zu verlassen, ist eigentlich keine besonders gute Idee, noch dazu, wenn man erst vor recht kurzer Zeit dem Drang nach Natur und Menschlichkeit gefolgt ist und dorthin übergesiedelt ist. Kaum sind die Monate vergangen, in denen man ein altes Haus wieder bewohnbar gemacht hat, kaum der erste Sommer auf dem Lande vorbei, der zweite Winter in genießerischer Einsamkeit, da zieht es einen wieder hinaus in die Welt. Man ist wieder neugierig auf den Kontinent, das Leben in anderen Ländern - und dann ist da noch der Reiz des Südens, die Wärme abendlicher Steinmauern, die farbliche Intensität frischer Salate, kurze Schatten unter Olivenbäumen, verdorrtes Gras und türkisfarbenes Wasser.

An einem Morgen in den ersten Junitagen früh um fünf Uhr ist es dann soweit, man steht einmal mit der Sonne auf - ich habe sogar Glück, daß sie scheint - und realisiert, was man sich so oft vorgenommen hatte und ebenso oft nicht in die Tat umgesetzt hat: die Natur zu jeder Jahreszeit und auch zu jeder Tageszeit zu erleben. Man steht auf und weiß, daß man wieder reisen wird, wochenlang unterwegs sein wird. In diesem Bewußtsein geht man durch die gewohnten Räume, füttert die kleine Katze, packt einige letzte Dinge in den Tankrucksack, genießt den süßen, dampfenden Tee mit viel Milch, legt die Reisekleidung an und geht hinaus. Das Leder ist noch kühl auf der Haut, die Schlüssel bekommen für die nächsten Wochen ihren Platz in den Taschen der Jacke, ebenso die Brieftasche. Die Handgriffe sind mechanisch, ebenso das Anlegen des Halstuches - zweimal um den Hals, der Knoten vorn, das Tuch unter den Kinnriemen des Helmes - dann das Tupfen des Startvergasers, bis das Benzin aus dem Überlauf auf den Schalthebel tropft, ein beherzter Tritt und ein dumpfes Grollen verkündet den Beginn der Reise. Ein Winken zurück zum leeren Haus und der Katze auf der Steinmauer, dann geht es hinaus in den Morgen, auf die Straße, erst etwas nach Osten in die Sonne und dann Richtung Süden...

Irland um halb sechs in der Frühe ist selbst im Sommer ein Land ohne Einwohner. Grün rauscht die Landschaft vorbei, der Morgentau liegt wie ein weicher Schleier in der Luft. Die Luft ist sanft und so sauber, daß man die Brille noch nicht über die Augen schiebt. Die Siedlungen ziehen an den Augenwinkeln vorbei, überall würde man sie Dörfer nennen, hier heißen sie Städte, Arklow, Gorey, Wexford... Wenn man keine persönlichen Erinnerungen an sie hat, bedeuten sie nichts. Die wenigsten irischen Städte haben ein Gesicht, eine Persönlichkeit, visuelle Signifikanz. Menschen versammeln sich in ihnen, um hier zu leben, wir befinden uns nur einen Schritt diesseits der Subsistenzwirtschaft, noch dazu in einem armen Land, in dem Prachtbauten allenfalls ein koloniales Gesicht tragen. Irische Kultur manifestiert sich nicht in der Architektur, sondern in Sagen, Gedichten, Märchen, Musik und Tanz.

In Wexford denke ich an die Nacht im Theatre Royal, die Musik auf der Bühne, die 'Chips' an einer mitternächtlichen Imbißbude - mit viel Salz und wenig Essig - und den Regen auf der dunklen Landstraße auf dem Weg nach Hause.

Jetzt, am frühen Morgen, scheint die Sonne in die Gassen; das Brummen der Maschine hallt von den Häuserwänden wider, und ich bin schnell wieder inmitten des hügeligen Grüns. Von Wexford nach Rosslare ist es nur ein Katzensprung, dann, nachdem man einige Plakate mit bunten Schiffen auf blauem Hintergrund passiert hat, kommt man über eine Kuppe und sieht eben jenes Blau verheißungsvoll in der Morgensonne glitzern. Rosslare scheint nicht viel mehr als ein Schiffsanleger zu sein, die Straße windet sich hinab und man merkt plötzlich, daß es auch noch andere Reisende gibt; sie warten bereits in der Schlange vor dem großen Lademaul des Schiffes.

Ich stelle mich - behaglich fröstelnd - dazu, warte auf meinen Moment und rolle in das schwarze Loch.

Es ist noch Zeit bis zur Abfahrt, Zeit, die Küste zu beobachten: die flache Linie bis zum nördlichen Horizont, die Hügel in der Entfernung, einige kleine Rauchwölkchen aus den niedrigen Häusern unweit des Hafens. Die Luft riecht nach Torf und nach Schiffsdiesel - je nachdem, in welche Richtung ich meine Nase halte. Die Schiffsluke unter mir scheint alle diese Fahrzeuge unbeeindruckt zu schlucken, Reisebusse, Lastwagen mit Containern und Pferden, Schafen und Schweinen, Personenwagen mit und ohne Anhänger und die Gruppe von Pfadfindern, die vorhin schon kindlich aufgeregt und staunend um mein altes Motorrad herumgestanden sind. Der Decksausgang speit sie jetzt alle wieder aus, in Gruppen, von ihren Leitern nur mühsam zusammengehalten, rennen sie über das Deck und an die Reling, um den Moment des Ablegens nur ja nicht zu verpassen.

Später, auf See, sitze ich noch immer in der wärmenden Morgensonne, esse mein mitgebrachtes Frühstück und beobachte die Leute, wie sie mit ihren Kameras die verschwindende Küste festhalten, wie sie geschäftig herumlaufen, obwohl es hier doch garnichts zu tun gibt bis, in einigen Stunden, die Leinen auf der anderen Seite wieder ausgeworfen werden. Sie bewegen sich hier genauso schnell und zielstrebig wie in der Stadt, laufen von der Reling zu ihrer Bank und wieder zurück zur Reling, Väter mit Söhnen, ein älteres Ehepaar und wieder die Pfadfinder. Die Formen scheinen sich zu verselbständigen, man geht schnell und bestimmt, weil man es gewohnt ist, schnell und bestimmt zu gehen - die Maske wird zur Identität.

Ich lese Max Frisch und mich stört nichts; ich bin froh, wieder unterwegs zu sein, mit dem Inhalt meiner beiden Koffer wochenlang ungebunden zu sein.

Eine Fahrt an einem sonnig-warmen Tag durch Essex, Sussex, Somerset und Devon ist ein wunderbares Vergnügen. Sobald man die großen Straßen verläßt, betritt man ein England, wie man es aus den Reisebeschreibungen früherer Jahre kennt, die Konturen der Landschaften sind weich und mild, die Straßen verspielt und kurvig, einige Landsitze scheinen den Süden vorwegzunehmen. Über Meilen folge ich einem alten Wolseley, wiewohl ich viel schneller sein könnte und sehe die Gegend wie in einem Film, von hinten sieht der Fahrer beinahe aus wie Anthony Hopkins auf seinem Weg in das 'west country' in der Verfilmung von Ishiguros *Remains of the Day*. Bath bietet eine Idee von städtischer Kultur, beschwört die römische Antike mit seinen warmen Bädern; weiter südöstlich dann Southampton und Brighton und andere kleinere Seebäder, deren kilometerlange Uferpromenaden von unendlichen Spielhallen entstellt sind.

Irgendwo dort übernachte ich. Die Wirtsfrau will wissen, woher aus Irland ich denn komme und wie weit das denn von Belfast entfernt ist. Ihr Sohn sei dort stationiert, doch seit dem Waffenstillstand im vergangenen Sommer könne er sich endlich mehr seinem Hobby, dem Golfspielen widmen, und dafür sei Irland ja doch so bekannt, oder?

Wieder eine Fähre, die Überfahrt wird interessant dadurch, daß ich einen berühmten Schauspieler treffe, der auch mit dem Motorrad unterwegs ist. Eigentlich erstaunlich, daß er mit mir an Bord frühstücken will, nachdem ich ihn vorher angefahren habe, weil er partout seinen Motor nicht abstellen wollte, wiewohl er schon lange in Parkposition stand. Als er den Helm abnimmt, kommt mir sein Gesicht bekannt vor und ich frage ihn, ob ich ihn schon einmal irgendwo gesehen haben könnte. Wenn ich das Kino möge, so antwortet er mit breitem Grinsen, dann sei das schon möglich. Das Frühstück war bis auf die Konversation nicht der Rede wert.

Auch hier wieder Menschen an der Reling mit ihren kleinen, schwarzen Kästlein, sich gegenseitig ablichtend. Sekundenlanges Lächeln, für die Kamera erzwungen, an der Reling - Dover schon längst im Dunst verschwunden - vor blauem Schornstein, vor dem Meer, hundertfaches Relinglächeln, Lächeln in allen Sprachen, das exakt bis zum Klicken anhält, dann Surren und Schnarren, ein dankendes Nicken auf japanisch, französisch, holländisch.

Im Laderaum ein weiterer Motorradfahrer, aus Altötting, den ich wegen seines Akzentes beim besten Willen nicht verstehen kann. Daher nicke ich freundlich und bleibe mit meinen Gegenfragen beim sicheren Thema Motorrad, erleichtert, als der berühmte Schauspieler zu seiner Maschine geht und mein Mann aus Altötting sich abwendet und ihn in ebenso unverständlichem Englisch anspricht. Den hilflosen Blick des berühmten Schauspielers quittiere ich mit einem teilnahmsvollen Achselzucken.

Frankreich ist dann schon anders. Nicht nur die Sprache, nicht nur das Fahren auf der anderen Straßenseite, auch die Gerüche, die Luft und natürlich die kleinen Orte rund um das Cap Griz Nez, die sich herrlich windende Straße von Calais nach Sangatte und Wimereux und weiter in dieses kleine Fischerdorf an der Kanalküste, wo es im 'Hotel des Roches' so wunderbaren Fisch zu essen gibt. Wie oft bin ich hier gewesen, und wie viele verschiedene Erinnerungen verbinde ich mit dem Strand, dem alten Haus am Meer, dem Marktplatz, der nun endlich gepflastert ist.

Da sind heiße Tage in einem weit entfernten Mai, der Zeltplatz hinter dem alten Bunker, von dem aus man einen guten Blick über die Küstenlinie und die Reste des gigantomanischen Westwalls hat, zwei Motorräder auf einem weiten Strand bei Ebbe, die Fischer mit ihrem frischen Fang auf der Straße und ein wunderbarer Rotwein am Abend bei Akkordeonmusik auf dem Marktplatz. Dann ist da ist ein uralter gelber VW-Bus und Schnee im April, das nächtliche Frieren bei beschlagenen Scheiben, zusammengerückt in Schlafsäcken im selbstgebauten Bett über dem Motor, morgens die Städte an der Kanalküste im letzten Aufbäumen des Winters. Da ist das kleine Hotel am Strand, drei Tage im Dezember mit Büchern, Rotwein, Pfeifentabak und unendlichen Diskussionen, das fahle Licht der Wintersonne auf den geblümten Tapeten über den Betten in der Mansarde, die schneidende Luft am Strand und der sehnsuchtsvolle Blick nach Westen, wo Irland liegen mußte...

Jetzt, zur Mittagszeit, hat das Restaurant geschlossen und bis sechs am Abend mag ich nicht warten an solch einem warmen Frühsommertag.

Ich fahre durch Flandern. Erneut sich aufdrängende Erinnerungen an dunkle Wintertage, wenn die Kirchtürme den niedrigen grauen Himmel zu tragen scheinen, an Kerzen hinter beschlagenen Scheiben eines Cafes in Brügge, an Nonnen auf Kopfsteinpflastern.

Ich fahre durch lange Alleen mit schiefen Bäumen und Reklametafeln für Biere, die dort, wo ich herkomme und dort, wo ich hinfahre, niemand anrühren würde – ,local heroes'. Irgendwann Deutschland, mit gemischten Gefühlen, jetzt sprechen wieder alle meine Sprache, doch fühle ich mich immer überwacht in diesem

Land mit den Starenkästen an den Ortseingängen und den auffallend vielen Polizeiwagen. An einer Tankstelle schütte ich die gesammelten Münzen - das Wechselgeld meiner Mobilität - in eine Tüte und verstaue sie tief im Tankrucksack; für eine Weile wird die Geldbörse wieder mit altgewohnten Scheinen gefüllt sein.

In einem stillen Eifeldörfchen am nächsten Morgen treffe ich ihn wieder, meinen guten, alten Freund Lothar, mit dem ich soviele Kilometer auf fernen Straßen zurücklegte, durch die staubigen Taurusberge und den anarchistischen Verkehr Istanbuls, über die höchsten Alpenpässe und die verregnetsten Feldwege Connemaras. Wir treffen uns am Kriegerdenkmal am Marktplatz von Blankenheim, ich esse einen Apfel, als das dumpfe Grollen seines Motorrades durch die engen Gassen näherkommt.

Es ist wunderbar, ihn nach so vielen Monaten wieder im linken Rückspiegel zu haben - unsere Zeichensprache von einer Maschine zur anderen noch ganz vertraut - auch wenn es regnet und die Straße glatt wird. Irgendwann sitzen wir dann in einem ziemlich spießigen Restaurant – "gutbürgerliche Küche" - hoch über einem der Vulkanseen, den wir ob der niedrigen Wolken kaum sehen können und erzählen und erzählen. Währenddessen klatscht der Regen gegen die Scheiben und wir brechen erst auf, als der Wirt uns noch mehr Tee servieren möchte und wir lieber in unsere Regenkombis schlüpfen als für einen weiteren Beutel

schlechten Tees und etwas heißen Wassers erneut fünf DM aus-
zugeben. Etwas mitleidig belächelt von einer Seniorenreise-
gruppe, die es sich bei Kaffee und Kuchen an den Nebentischen
gemütlich gemacht hatte, machen wir uns auf die verregnete
Fahrt zu Lothars Wohnung.

Es folgen Tage der Rückkehr nach Deutschland, Tage des viel
zu schnellen Sich-wieder-Einfindens in die eigene Vergangenheit,
die dennoch erstaunlich gegenwärtig ist. Es ist herrlich, Freunde
zu haben, in deren Augen Monate zu Wochen zusammenschmel-
zen, die mir das Gefühl geben, noch erinnert zu sein. Es gibt noch
Spuren von mir, man weiß noch, wie ich denke, sogar noch, welchen Wein ich gerne trinke. Herrlich ein Abend bei Freunden wie
Lothar und Jutta, frisch geduscht und mit einem hellen Hemd, einer Stoffhose nach dem Leder der letzten Tage; die Tür zum Balkon steht offen – draußen ein gedeckter Tisch und warme Abend-
luft - Wehmut und Freude sind hier beinahe synonym. Das Leben
geht weiter, ich bin Teil einer anderen Gegenwart für sie geworden, und doch gibt es hier Stunden eines Gefühls der Vertrautheit,
der Nähe, ich kann für kurze Zeit die Probleme ihres Alltags mit
ihnen teilen. Es gibt sie noch, die Berührungspunkte, auch nach
zwei Jahren der Abwesenheit in unserer schnellen Zeit gibt es sie
noch. Die Stunden beim Wein dauern bis zum Morgen, dann müssen sie zur Arbeit und ich fahre weiter nach Westfalen.

Dort ähnliche Eindrücke der Wiederkehr, dieses Mal sind es die Kommilitonen aus der Studentenzeit, mit denen ich die Nacht verbringe. Ich genieße das saumselige Trinken in unserer Stammkneipe, wo der Wirt sogar noch meinen Namen weiß. Die Nacht ist warm und irgendwann sitzen wir auf den Stufen vor dem Domportal, reden allerlei Unsinn und beobachten die Bauern, wie sie ihre Stände für den morgigen Markt aufbauen. Aus der leichten Wehmut wird unter dem Gewicht des Alkohols die melancholische Frage, warum ich all dies verlassen habe, meine einst gewohnte Welt, die Freunde, die Stadt, in der ich so gerne lebte und die Wärme, die das Bekanntsein mit sich bringt.

Die Tage in Münster vergingen wie ein Sommerrausch; irgendwann gab ich es auf, Plätze wieder zu besuchen, um ein Gefühl wieder zu erleben. Stattdessen wollte ich neue Erlebnisse hinzufügen, mein Leben leben statt es museal zu verklären.

Neu war, daß ich lehrte, daß ich die Universität nicht mehr als Student, sondern als Lehrender betrat, der erzählte, der einige Punkte seines Wissens zusammenband und sie einem Publikum präsentierte, das sich für die Fragen des irischen Nationalismus zu interessieren vorgab. Wie immer findet man sich fürchterlich banal und uninteressant - eine Vorlesung bringt wirklich nichts Neues. Interessant sind allenfalls einige der sich anschließenden Fragen, doch wenn man nach den Berührungspunkten zwischen irischem und indischem Nationalismus gefragt wird, wiewohl das Thema des Abends die Auswirkungen der irischen Hungersnot auf die Nationalbewegung gewesen war, so zieht man sich doch recht schnell wieder zurück auf sein Historikerallerlei und taut erst später beim Bier in vertrauter Runde wieder auf.

Und dann kam wieder ein Münsteraner Morgen, einer, an dem ich aufwachte und wußte, daß es nun weiterging. Der Faden zur Vergangenheit war wieder geknüpft, Verbindungen etabliert - es konnte weitergehen. Wieder das Ritual, das Halstuch, das Tupfen des Vergasers und ein beherzter Tritt, das dumpfe Grollen und ein Winken, ein kurzes Stück gen Osten und wieder nach Süden. Die Zeit war ungefähr dieselbe, halb sechs, ein früher Start sinnvoll, denn mittlerweile war es Sommer geworden in Deutschland, und die Mittagshitze auf der Autobahn ist kein Spaß. In den Autos in diesen frühen Morgenstunden Menschen, die zur Arbeit fahren, Gesichter voller Routine; sie fahren diesen Weg jeden Morgen, ob Sonne oder Regen. Manche schauen mir nach mit meinem bepackten Motorrad. Vielleicht denken sie an Urlaub oder Reise, an das, was vor mir liegt.

Auf der Sauerlandautobahn überraschend früh Junihitze und stinkende Lastwagen, die die Berge hinaufkeuchen und, nach Bremsbelägen stinkend, wieder hinunterquietschen. Die Landschaft ist schön, grün und von Hochwald bestanden. Das ist es, wonach ich mich oft zurücksehne, wenn ich auf mein grünes, aber karges irisches Tal hinabblicke: mitteleuropäischer Laubwald, Bäume, die augenscheinlich in den Himmel zu wachsen scheinen, im Sommer ein Dach auf dreißig Meter hohen Säulen bilden und im Winter den tiefhängenden wochenlang grauen Himmel fernhalten. Darunter wenig, kein Unterholz, vielleicht ein wenig Gras hier und da. Nur das Laub des letzten Sommers in dicken Schichten, staubig oder faulig-fruchtbar riechend. Besonders schön an dunklen Novembersonntagen bei Nieselregen, Totensonntag bevorzugt, wenn die feuchte Kälte durch die Jacke kriecht.

In der Nähe meiner Stadt gibt es eine Stelle im Wald, wo ein kleines Flüßchen, eigentlich nur ein größerer Bach, durch eine solche Säulenhalle läuft. Manchmal wurden seine Geräusche von dem grünen Laubdach reflektiert und verstärkt, das Gurgeln und Plätschern von oben sowie von unten, sodaß die eigenen Schritte auf dem ohnehin weichen Boden vollends verschluckt wurden.

Dort gab es Herbsttage mit Schnecken unter herabfallendem Laub, regnendes Gelb und Braun, verliebte Spaziergänge im Juni, das Waten im Wasser und die Jagd nach Stichlingen, Photos auf 35mm Film, die man von der Angebeteten gemacht hatte und auf denen diese dann nur grün und krank aussah, da der Wald alle Töne des Spektrums aufgesogen hatte, es gab tiefgefrorenen Boden, von dem man die Blätterlagen Schicht für Schicht abheben konnte. Denke ich an Heimat, denke ich an mitteleuropäischen Hochwald, die man in meiner Wahlheimat - so es so etwas überhaupt gibt - nicht findet. Dort, in Irland, gibt es Reste dieser Wälder, vor allem Eichenwälder und vor allem in Wicklow, einzelne, majestätische Bäume oder kleine Gruppen, doch solch ausgedehnte Waldflächen von Misch- oder Laubwald gab es schon seit Hunderten von Jahren nicht mehr.

Vom Motorrad meine ich den Wald zu riechen, bis es ins Hessische hinuntergeht. Dort steht die Hitze, die Autos vor mir flimmern im Sommerglast bis hinunter nach Aschaffenburg, wo es wieder waldreicher wird. Die Schilder tragen jetzt schon die Namen von Städten, die im Winter mit dem Motorrad zu erreichen nicht immer möglich war; Würzburg, Nürnberg, München.

Irgendwann eine Tankpause in Bayern, ein Blick auf die Uhr, der Vergleich mit der Karte und eine Entscheidung, etwas zu essen. Zwei kurze Kilometer von der Autobahn entfernt gibt es Haxe und Knödel unter einer Dorflinde, dazu viel kühles Wasser und eine Gastwirtin, die mir, mit Lockenwicklern im Haar die Neuigkeiten des Dorfes erzählt. Nach dem Essen habe ich intime Kenntnisse über die Dörfler und weiß noch nicht einmal, wie ihr Dorf heißt.

Während sie daherplappert, denke ich an Nürnberg, die Stadt mit der Burg in der Mitte und wie ich vor einigen Stunden versucht war, abzubiegen durch die mittelalterlichen Gassen zu fahren, Kindheitserinnerungen suchend, die wohl für immer vergangen sind. Ich tat es nicht, fuhr vorbei und weiter gen Süden.

Ich, Etsch und Über-Etsch

München hat bereits etwas Mediterranes, stattliche Häuser mit kleinen Fenstern und hellen, hohen Wänden, die zur Straße hin gehen. Man spricht ein anderes Deutsch, als Niederrheiner muß man gelegentlich schon genauer hinhören. München hat Biergärten, aber andere als die im Norden; keine Modewelle hat sie geschaffen, sondern sie sind Teil urbaner bayrischer Kultur, sind geschotterte Parks, Tempel münchnerischen Lebens. Die Tische werden dominiert von übergroßen Bierkrügen, eine Art überzogener Darstellung bayrischer Braukunst, und sind kaum noch hebbar. Die Menschen, die beinahe hinter ihnen verschwinden, bringen ihr eigenes Essen mit in diese Biergärten, und sie bringen auch Deckel, mit denen sie ihre 'Moaß' vor herumwirbelnden Blättern und Insekten schützen; da gibt es alle erdenklichen Formen und Farben, grüne Kürbis- und Melonenimitate fallen mir auf und patriotische weißblaue Formen. Der Niederrheiner zeigt Überraschung ob dieser fremdartigen Sitten und stellt sich vor, wie enttäuscht ein solchermaßen bayrischer Mensch sein muß, der in Köln ein Bier im traditionellen Kölschglas bestellt.

Das Erlebnis Pissoir auch im bayrischen Biergarten ist wieder ganz normal; auch der bayrische Mann schafft Kapazitäten für weiteres Bier, erzählt ebenfalls dreckige Witze im Stehen und kehrt dann erleichtert zum Tisch zurück. Hier herrscht die gleiche männliche Vertrautheit einer rein maskulinen Gesellschaft und deren gleiche unverhüllte Männlichkeit.

(Toilettenfrauen daher gänzlich unerwünscht, denn sie verhindern diese obszöne Idylle.)

Im Juni sind die Tage manchmal heiß, häufig aber noch von gleißender Klarheit, wie sie später im Jahr - etwa während der Julihitze - nicht mehr zu finden ist. An einem solchen Tag die Alpen zu sehen, ist ein Geschenk.

Von München ist es nur noch eine Stunde, bis man plötzlich knapp über der Horizontkante, da, wo grüne Allgäuwiesen, verwitterte Holzzäune und Sommerkaten sich beschaulich verteilen, scharfe Kanten erblickt, die so gar nicht in diese Lieblichkeit passen wollen. Von Minute zu Minute wachsen sie, noch in ihrer grauschwarzen Flächigkeit gefangen, werden gewaltiger mit jedem

Meter, den man ihnen näherkommt. Man möchte die Augen schließen und den Moment festhalten, in dem man die erste Alm sieht, das erste Gipfelkreuz. Es kommt der Zeitpunkt, an dem man aufschauen muß, um sie von der Wurzel bis zum Gipfel zu erfassen.

Dann die Grenze, die letzte Tankstelle, an der ich in dieser Währung bezahlen kann, zwei Motorradfahrer mit Rennmaschinen halten neben mir; wahrscheinlich holen sie mich schon weit vor dem Fernpaß wieder ein.

Die Luft ist anders hier am Fuße der Berge. Obwohl auch dieser Tag strahlend und warm ist, spürt man noch um zehn Uhr diese kühle Klarheit, die die Nächte kalt werden läßt. Der Schatten der Bäume ist kühl, ich fröstele und krieche ein wenig tiefer in mein Leder.

Diese Alpen haben immer eine besondere Qualität, nicht nur für den, der sie mit dem Motorrad durchquert. Gewaltig erscheinen sie, und widersetzen sich beharrlich der Beschreibung. Sie passen in kein Bild, hinter jeder Biegung sieht es anders aus, erhebt sich ein neuer Hang mit einem anderen Licht, ein weiterer Gipfel türmt sich darüber. Meinen Niederrhein vermag ich in wenige Worte zu fassen, da einige Charakteristika so dominant sind,

daß jeder sie nachzufühlen vermag: die Weite einer flachen Landschaft, von wenigen Kirchtürmen oder Eichenalleen durchbrochen
- so ein Bild entsteht mit wenigen Worten, doch hier? Hier werden
die Beschreibungen emotional und sehr subjektiv. Sie sind immer
wertend. Die Berge sind großartig, erhaben, Täler beängstigend
eng, Felskanten schroff, Überhänge bedrohlich... Ich entziehe
mich dieser Subjektivität nicht, teile sie mit denen, die die Berge
kennen und meine Anspielungen verstehen.

Am Timmelsjoch der ewige Schnee, der Gletscher bis an die
Straße heran, das Schwarzglänzende des Straßenbelages heraus-
geschnitten aus dem schmutzigen Weiß. Das Grenzhäuschen und
frierende Grenzer. Ganz oben ein Schild, viele Sterne auf blauem
Grund: Italia.

Die Abfahrt hinunter nach Südtirol ein einziger Spaß; mit jeder
Kehre wird es wärmer, brandet die mediterrane Hitze die Al-
pensüdseite empor. In St. Leonhard ist es ganze dreißig Grad wärmer als oben auf dem Paß.

Südtirol

Abends Bozen, das alte Weingut, die Hitze des Tages weicht
der lauen Wärme der Nacht. Wein, Brot und Käse inmitten der

Weinberge, die Lichter von Autos, die den Berg hinauf- oder hinunterfahren, den Rücken an der warmen Hauswand und das Lachen mit Freunden, deren Akzent die südliche Sonne umfaßt...

Das Frühstück in der Küche. Früh am Morgen, noch bevor die Wärme des Tages unerträglich wird, Gespräche über Südtirol. Was immer wieder auftaucht: die Vertreibung der deutschen Intelligenz nach dem ersten Weltkrieg, die Alternative - Initiative, wie meine Wirtin sagt - zwischen dem Exil in österreichisch Tirol oder unbefristetem Sprachaufenthalt im Süden des Landes. Teil dieser Politik, auf neudeutsch ethnische Säuberung genannt: Das nächtliche Abholzen der Dorfanger mit den Obstbäumen, dem größten Besitz der deutschsprachigen Südtiroler, die schleichende Vertreibung der Deutschen aus den Städten wie Meran und vor allem Bozen vermittels Enteignungen und Beschneidung des freien Handels.

Bozen mittlerweile sehr italienisch.

Doch, man habe sich mit den Italienern zu arrangieren versucht, gegen die subtile Unterdrückung der Deutschen auf Ämtern und Behörden nicht rebelliert, doch nun attackierten die 'Walschen' sogar die Weinberge vor der eigenen Haustüre - es scheint, daß selbst das jahrhundertealte Weingut nicht mehr zeitlos ist.

Nein, vom europäischen Zusammenschluß verspreche man sich nicht allzuviel, denn im Namen dieses Zusammenwachsens würden ja eben diese Industrieansiedlungen geplant und errichtet, die dort hinten schon über den Giebel des Stadels lugten.

Der hauseigene Wein ein Kleinod südtiroler Winzerkunst, doch wie lange vermag der St. Magdalener mit Herkunftsgarantie seine Qualität noch halten angesichts der Spedition mit ihren Schwerlastwagen nebenan?

Im Sattel, Prösels, 29.6.

Wenn ich einen Lebensplan bedenke, mir eine Idee meiner Existenz entwerfe, so hatte sie immer ursächlich mit Bewegung zu tun; ich stellte mir ein Leben im Wegfahren und Ankommen vor, glaubte, die Intensität meines Gefühls am besten durch das Verabschieden und das Wiedersehen zu erhalten. Das gebrochene Herz beim Abschied, die übervolle und nicht in Worte zu fassende Empfindung des Wiederkommens, des Wiedererkennens und der Freude.

Das sind mir immer die stärksten Empfindungen gewesen und damit dem Bleiben stets überlegen.

Café Waldmann, Völs

Zum wiederholten Male die Führung durch Schloß Prösels.

Das Märchenschloß klebt wie ein Schwalbennest am Berg und kontrolliert durch seine optische Präsenz die ganze Flanke bis hinab nach Blumau zur alten (und gegenwärtigen) Handelsstraße zwischen Nord- und Südeuropa. Ein Schwalbennest adligen Zuschnitts mit Festsälen, großen Schlafzimmern und einem schneckenförmig angelegten Weg hinein ins Zentrum, den Platz am Brunnen. Herrschergeschichten, romantisch verbrämte Grausamkeit, Grusel und Frösteln im Schatten eines sommerlich-heißen Burgfrieds, Leonhard von Völs als Stifterfigur auf dem Flügel des Triptychons, in ägyptischen Proportionen zur heiligen Familie und seinen Frauen.

Unsere zusammengewürfelte Besuchergruppe besteht aus vier Italienern, offensichtlich zwei Paare gesetzteren Alters, und mir. Wiewohl ich unserem Führer sage, daß er seine Führung für mich nicht ins Deutsche zu übersetzen braucht, tut er es dennoch. Die Italiener sind relativ desinteressiert, sodaß er schließlich nur noch zu mir spricht, weiterhin jedoch auf Deutsch und Italienisch.

Im Schloß ein Mischmasch der Baustile und des zusammengetragenen Mobiliars, durchaus sympathisch. Wie immer ist es am schönsten im Sommer, wenn die nachmittägliche Wärme durch die offenen Fenster hereinströmt und die dicken Mauern die Hitze aufnehmen, so daß sich auf ihr die Eidechsen und Insekten tummeln.

Prösels ist immer still und hochsommerlich für mich gewesen; ich kann es auch kaum anders denken.

Bozen, Lauben

Schatten und Kühle und gepflegte Bürgerlichkeit unter den Lauben. Jahrhundertealte Arkaden, moderne Auslagen, geschäftig doch nicht laut. Um 12.00 wie mit dem Messer abgeschnitten, die Geschäfte schliessen, Mittagsruhe bis um 4, plötzlich werden die Lauben lang und still, bis man am Obstmarkt in das gleissende Licht der Mittagssonne tritt. Ich lasse mich über die Kopfsteinpflaster treiben und in einen engen Gang spülen, der sich als Restaurant entpuppt. Ein Glas örtlichen Weissweins, vollmundige Offenbarung eines hellen Sommers in den Bergen, und ein Teller mit Pasta, Tomaten, Rucola und Parmigiano. Südtirol, zwischen den Kulturen? Eher nicht, eher beide Kulturen, die kühle nördliche und das mediterrane, umarmend. Auf der Schwelle in beide Räume schauend, das ist Südtirol. Die Küche beweist es – auch der Gang vom deutschen in den italienischen Teil der Stadt. Die Talfer trennt beide, weniger als drei Minuten sind es von der Museumsstrasse zum Siegesplatz, ein Gang von Wien nach Rom, an den unterschiedlichen Arten, Kaffee zu machen, wird er deutlich. Bei Streitberger trinkt man österreichisch, im Café del Corso römisch cremig.

Café Vögele, Bozen

Ein auf dem Tisch liegendes Theaterprogramm.

Gedanken zum Theater: Das Problem der Imagination, die verlorengeht. Die Darstellung auf der Bühne macht die Vorstellung überflüssig, minimiert die Leistung des Gehirns, gestattet das passive Schauen und Empfangen und nimmt mir die Imagination, die Krönung der Kopfarbeit. Ich gehe ins Theater und freue mich auf ein Buch - ich sehe fern und langweile mich schrecklich, bis ich nach Hause komme, am Regal entlangstreiche und ein Buch herausgreife - und lese. Dann darf ich wieder denken, vorstellen, die Zeit des Fortschreitens durch die Fiktion selbst bestimmen, mir die Personen selber schaffen. Alles erscheint nur mehr angeregt durch den Autor, nicht mehr ausgerollt und präsentiert. Ich mache mich frei vom Joch der Inszenierung.

Völs

Abends fahre ich nach Völs hinauf, ich treffe meinen alten Freund Ulrich, lebensweiser Heimatdichter, der ein Haus am Hang zum See hinauf besitzt. Wir sitzen auf dem grossen Balkon, der nach Süden hinausgeht und schauen hinunter auf das Dorf, das Eisacktal, Bozen, die Mendel und der Penegal am Horizont. Der warme Sommerabend zieht sich zu, es braut sich ein Gewitter zusammen, innerhalb von Minuten nach dem Sonnenuntergang ist die Luft elektrisch und stickig. Als die ersten Blitze am Ritten niedergehen, ist es zu spät für eine Rückkehr nach Bozen, und wir öffnen noch einen Wein in Erwartung des Naturschauspiels.

Wenig später ist eine Unterhaltung nicht mehr möglich. Der Donner kracht und widerhallt zwischen Schlern, Hammerwand und dem Tschafon, Sturzbäche ergiessen sich auf das Blechdach des Hauses, das Trommeln betäubt die Ohren, der Wind wirft sich in nassen Attacken auf das Haus, wir sitzen auf dem Balkon, nass, doch nicht kalt und halten angesichts der Blitze den Atem an.

Es heult und jault, rattert und klappert, wir halten die Gläser fest und warten darauf, dass das Unwetter vorbeizieht, weiter das Eisacktal hinauf. Doch es hält sich scheinbar ewig, schliesslich gehen wir in das Haus, wo es keine Elektrizität mehr gibt und rollen uns in die Betten.

Am Morgen ist die Welt frischgewaschen, die Luft klar und die Fernsicht unendlich. Wir trinken Kaffee, Ulrich entzaubert der Bialetti einen milden frischgemahlenen Muntermacher. Vom Tal hört man das Bellen einer Kettensäge, die Sturmschäden beseitigt, und als ich mich aufmachen will, muss ich das Gespann erst von herabgefallenen Ästen und Blättern befreien. Der Seitenwagen ist voller Wasser gelaufen, mein Gepäck durchnässt, doch all dies wird schnell trocknen, wenn ich erst einmal drunten in Italien bin.

Ein Händedruck, ein "Komm bald wieder einmal vorbei", dann rolle ich den Berg hinab, die 100 Kurven bis ins Tal, an Bozen vorbei und in Richtung Süden, bis hinter Salurn auf den Strassenschildern auch meine Sprache nördliche Vergangenheit wird.

Monte Cerreto, 2.7.

Da ist sie also wieder, die Poebene, das Ziel so vieler erträumter Fahrten am winterlichen Kamin, diese monotone Einöde unter dunstiger Sonne und bleierner Hitze.

Die wunderbaren Berge ziehen sich am Südrand des Gardasees zurück und entlassen den Reisenden in die Ebene mit ihren Straßen, die nur alle fünf oder sechs Kilometer eine Kurve aufweisen, den Dörfern im Mittagsschlaf und den endlosen, sich erst im Dunst verlierenden Reisfeldern. "Zu Mantua in Banden." Die Fahrt im Leder wird zur Qual, Schweißtropfen rinnen den Rücken hinunter und in die Hosenbeine, und der Fahrtwind scheint einem Heißluftgebläse nicht unähnlich.

Und dennoch gibt es hier in dieser Poebene etwas, das die Imagination festhält. Vielleicht nur eine Idee vom Reisen, eine Vorstellung von Entbehrungen, von anstrengenden Zwischenetappen zwischen Gardasee und Monte Cerreto.

Bei 38° um elf Uhr morgens kann ich die Hinweistafeln 'Reggio E.' kaum erwarten. Ich verzweifle bis Mantova, ergebe mich bis Reggio und lebe mit den ersten Kurven der *strada statale*, der ss63, wieder auf.

Wo nur liegt die Faszination der Poebene für winterliche Abende am Kamin? Etwa in der Vergegenwärtigung von Giovanni Volpeda da Pelizza's 'Il Quarto Stato'? Die Idee von gnadenloser Südsommersonne bei Windstille?

Der Reisende ist froh, wenn es vorbei ist.

Sobald die Hügel auftauchen, wird die Toskana vorstellbar.

Und Toskana bedeutet immer ankommen, physisch und emotional, sich setzen, schauen, Wein bestellen und die Seele weit werden lassen.

Die Poebene als Flaschenhals des Innern.

Piazza dei Miracoli, Pisa

Das Einzige, was auf diesem Platz der Wunder tatsächlich wundersame Qualität hat, ist das Staunen angesichts der vielen Menschen, die aus exakt derselben Perspektive ein Photo der vereinten Architekturwunder schießen. Sie alle drängen durch das Tor, haben hernach jene drei Bauwerke vor Augen, die zu sehen sie ja augenscheinlich gekommen sind, und zücken dann ihre kleinen schwarzen Kästlein, die meisten einer Fischdose ähnlicher als einem optischen Gerät, und lassen es klicken, schnurren, spulen und biepen. Und alle photografieren sich gegenseitig, wie um zu dokumentieren, daß Alois Hirschbigl und Käthe Müller im Jahre des Herrn 1995 auch hierhin gereist sind.

Natürlich gibt es Variationen; manche heben den linken oder rechten Arm, um den schiefen Turm für die Dauer einer 125stel

Sekunde zu stützen, andere arrangieren Gruppenphotos und bitten Beistehende gelegentlich, mit ihrer Kamera die wohlgelaunte, rothäutige Gruppe einmal 'auf die Platte' zu bannen.

(Wie hoch mag wohl die Zahl der durch diese Praxis abhanden kommenden Kameras sein?)

Kaum jemand nimmt hingegen Notiz von den gelegentlich auf den Platz fahrenden Leichenwagen voller Särge, die diskret neben den photowütigen Touristen ihre tote Fracht in einer Toreinfahrt entladen. Dort stehen aneinandergereiht bereits zwei Dutzend Särge, still, in verschiedenfarbigen Holztönen und unphotografiert.

Die Särge und die Touristen, die sich dirigieren, arrangieren, dekorieren und letztendlich nur das photografieren, was ihnen der Postkartenstand für 500 Lire in viel schöneren Farben zu offerieren imstande ist.

Jetzt erklettern einige sogar noch herumstehende Mülltonnen, um eine noch prominentere Perspektive zu erwischen, denn nun bekommen sie wohl nur noch die Köpfe der vor ihnen Stehenden mit aufs Bild. Sie könnten nun auch die Särge in der Toreinfahrt viel besser sehen, wenn sie diese nur wahrnehmen wollten.

Piazza della Cisterna, San Gimignano

Acht Uhr, es hilft nichts, die Sonne treibt mich aus dem Bett.

Der Platz vor dem Hotel ist leer, leerer noch als nachts um eins, nur ein paar Arbeiter arrangieren etwas in einer Ecke, ein Holzgerüst wird errichtet oder so etwas.

San Gimignano ohne Touristen, fast wie eine Stadt ohne Menschen - und doch vollständig, prächtig und imposant: die Geschlechtertürme im Morgenlicht, die Schwärme von Schwalben, die sie umkreisen und diese bäuerlich-bräunliche toskanische Architektur, die so stillos-stilvoll ist, daß man sich fragt, ob die Erbauer dieser steinernen Trendsetter eine Idee von Baustil mitverarbeiteten oder ob sie lediglich ihre eigene Vergänglichkeit in Stein manifestierten und somit zu Lehrmeistern in Geschmacksfragen für intellektuelle Kreise weltweit wurden.

Und wie ist denn der Baustil, wenn nicht einfach? Schmucklos, erdig, solide und im Prinzip nur durch die Auswahl der Materialien auffallend: Bruchsteine der Umgebung, Holz, tönerne Ziegel, die allesamt unsystematisch und keinesfalls einem Gesetz linearer Ordnung unterliegend auf den Dächern verteilt sind. Alles geradeso, wie intellektuelle Städter sich selbst gern sähen: naturverbunden, in menschlichen Städten wohnend, solide, dabei von unkontrollierter Präsenz, dennoch bestimmend und keinesfalls zu übersehen. Die Intelligenz im Hintergrund, ohne die das Leben nicht zu organisieren wäre.

Und so pilgern hierhin, nach San Gimignano, auch jene intellektuellen Touristen in Strömen, die den Massentourismus südlicher Prägung ansonsten in Bausch und Bogen ablehnen. Sie pilgern zum Mekka ihres Lebensstils, verbeugen sich gegen die Geschlechtertürme, jene Statussymbole des Mittelalters, und zelebrieren ihre eigene Vergänglichkeit bei Cappuccino und Weißbrot an den steingewordenen Zeugen ihres Lebensstils.

Natürlich bin auch ich einer von ihnen.

Caffé Poliziano, Montepulciano

Das Gewitter ist vorbei, die offenen Türen des Cafés geben den Blick frei auf den trasimenischen See und die Hügel Umbriens, hinter denen Perugia und Assisi liegen. Das Caffé Poliziano ist eine jener Einrichtungen, die eher nach Wien, London oder Paris zu gehören scheinen als in dieses Bergstädtchen in der Toskana. Fin de Siècle-Interieur, Stuck an der Decke, Vorhänge vor den großen Glastüren, die auf einen kleinen gußeisernen Balkon hoch über der mittelalterlichen Stadtmauer hinausweisen, das weite, hügelige Land überschauend. An den Marmortischen wohltuend Thoreaus No.14 - nicht die übliche Plastikware. Dazu italienische Popmusik.

Der Norden ist so unglaublich weit entfernt, so erfrischend nicht-existent, hinter den hohen Bergen jenseits des Horizonts eine andere Welt, Konsum, Rationalität, kühle Konsequenz. Es wundert mich wenig, daß Italien das Land der Gefühle genannt wird, alles hier appelliert an die Sinne. Ein Tisch ist schön, gefällig, mit dem Auge schmeichelnden Formen. Die Konstellationen sind poetisch, - eager to please -, gleichzeitig auch äußerlich und oberflächlich, was auch für die Bevölkerung gilt.

Das alte Vorurteil, natürlich.

Erschreckend nur gelegentlich, wenn man die Menschen beobachtet, wie schön sie sind, wie unglaublich ebenmäßig, sonnengebräunt, mit wunderschönen Kleidern und mit oft solch kindischer Mimik und Gestik. Man vermutet nicht viel Persönlichkeit dahinter. Erinnerungen an Gespräche mit Italienkennern, die die Oberflächlichkeit der Italiener beklagen, ihre exklusive Betonung des Äußeren, des modischen Scheins.

Und ist man nicht froh, diese scheinbare Oberflächlichkeit erkannt zu haben, dieses Nichtverstehen südländischer Mentalität, gepaart mit mangelnden Sprachkenntnissen? Ist es nicht wunderbar, endlich etwas gefunden zu haben, das diesem Garten Eden die Vollkommenheit nimmt? Ist es nicht einfach notwendig, mit dieser geistigen Krücke wieder zurück über die Berge zu fahren, die unfreundlichen Gesichter nördlich der Alpen zu sehen und sich mit einem bestätigten Vorurteil durch die tiefsinnige nordische Gegenwart zu lügen?

Und bei jeder Reise in die Toskana wieder der Eindruck des Vollkommenen und die Suche nach Fehlern im Paradies.

Bei mir die Frage, ob ich hier leben könnte. Ein Haus in der Toskana - wahrscheinlich ein deutsches Lehrerehepaar als Nachbarn - Wein im Garten und im Keller, Oliven vor der Türe und die Tiefsinnigkeit vermissend.

Vorurteile, Vorurteile.

Ich möchte überall leben und trage alle nötige Tiefe in mir.

Ein Jahr in Umbrien, ein Winter in Istanbul und einen langen Sommer am Niederrhein.

Und wäre ich nach all diesen Plätzen ein Anderer?

Assisi, sieben Uhr

Die Sonne ist schon da, die Wärme noch nicht.

Der Platz beginnt ganz langsam zu leben, ein paar Bauarbeiter, die wieder einmal ein Gerüst aufbauen, ein Gemüsehändler und die Frau an Krücken, die mir schon gestern auffiel. Immer läuft sie die steilen Straßen hinauf und hinab, bleibt niemals stehen und hebt nicht ihren Kopf. Ihr Gesichtsfeld sind die wenigen Quadratmeter italienischen Kopfsteinpflasters vor ihren Füßen.

Assisi am frühen Morgen ist herrlich, unverbraucht und riecht nach frischem Brot. Man sieht noch die Stadt und nicht, wie später am Tag, nur noch die Touristen.

In der Franziskus-Basilika sind die Mönche beim Morgengebet. Es ist so verführerisch und dann so wunderbar, sich in das Murmeln ihrer Gebete sinken zu lassen. Ihre sonoren Stimmen erfüllen den ganzen Raum, ein zeitloses, ewiges Geräusch. Eine Konstante durch die Jahrhunderte, so werden sie um 1500 gebetet und gesungen haben und so wird man sie noch in 300 Jahren erleben; in der Andacht versunkene Männer, deren einzelne Stimmen im Wohlklang des tradierten Singsangs verschwinden, nachhaltig den Klangkörper ergänzen.

Als sie nach dem Segen an mir vorübergehen und die Kirche verlassen, meine ich in ihren Gesichtern Friede, Gelassenheit und Heiterkeit zu lesen. Es mögen wohl an die fünfzig Männer sein, die da wie eine Schulklasse scherzend und lachend an mir vorbeigehen.

Ich erinnere mich an Krakau, an die Fronleichnamsprozession vor ein paar Jahren und an die versteinerten Gesichter der jungen Nonnen und Novizinnen. Schauderhaft anzusehen waren sie, diese jungen, blassen und vom Leben unberührten Gesichter in ihren braunen und schwarzen Kutten, die in langen Reihen vom Wawel herunterkamen, die Augen niedergeschlagen, ganz Demut, ganz verinnerlichte Hingabe, ganz grauenhaft, da nicht überzeugend, dafür aber um so lebensfeindlicher.

Diese Mönche sind eine Wohltat und korrigieren das Bild vom zölibatären Leben wieder. Die Letzten haben jetzt die Basilika verlassen, und ich gehe hinab in die Krypta. Die Stille, die sie zurücklassen, wird verstärkt durch das Spiel einer Mandoline irgendwo innerhalb dieser Mauern, Mandoline und ein dünner und doch schöner Gesang einer einzelnen Männerstimme. Der Sonnengesang des Franziskus, als die ersten Sonnenstrahlen nun auch in diesen tiefen Teil der Kirche kriechen.

Drüben, an der St. Clara Basilika, fegt eine Nonne den Vorplatz und öffnet das große, hölzerne Tor. Klein und zerbrechlich erscheint sie vor dessen mächtigen Flügeln. Kurz darauf die ersten, noch vereinzelten Touristen, die ihren Weg in die Kirche und in die Krypta finden. Dort werden sie wahrscheinlich genauso erstaunt und enttäuscht sein, anstelle der Mumie der heiligen Klara, wie im Reiseführer beschrieben, nur eine Gummipuppe der Verehrten zu finden. Auch sie werden wohl nur aus Respekt vor den anwesenden Nonnen nicht in schallendes Gelächter ob dieser Geschmacklosigkeit ausbrechen. Bis vor kurzer Zeit, so die Erklärung des Reiseführers, hat man hier tatsächlich die sterblichen Überreste der Heiligen gezeigt, davon nun aber doch Abstand genommen, da der Anblick wohl nicht gerade appetitlich gewesen sein soll. Kein Zweifel, eine Veränderung zum Besseren: Lachen statt Gruseln.

Reisen ist eklektizistisch in Italien; man sucht sich aus dem reichen Angebot, das die Städte offenbaren, irgendetwas heraus, verbringt eine Stunde in einer Kirche, trinkt im meist gegenüber sich befindenden Café einen Macchiato oder einen Cappuccino und bummelt dann gemütlich weiter.

Wunderbare Tage in Italien; die Leichtigkeit des Daseins erscheint als ein Geschenk, die warme Luft, das Blau des Himmels und die Sonne, die Menschen, die Sprache, der Staub auf den

Straßen - alles südlich, wie ich es auch mag. Die Städte auf den Hügeln offerieren ideales städtisches Leben, harmonisch, überschaubar, ländlich geprägt, in ihrer menschengemachten Schönheit dennoch natürlich. So waren sie alle, auch Spoleto und Gubbio und ebenfalls Leonessa.

Leonessa hinter der Hochebene: Von Montereale über Borbona kommend, überquert man die Straße nach Ascoli bei Posti. Leonessa liegt dann irgendwo links von einer unscheinbaren Kreuzung. Die Dorfstraße führt direkt auf die Piazza Grande, verschlafen, heiß, Palmen, Sonnenmarkisen über den Cafés. Architektonisch nicht besonders aufregend, doch irgendwie komplett, beschaulich und in seiner italienischen Biederkeit sehr ansprechend. Der Putz an den Häusern von Leonessa ist nicht abgebröckelter als in anderen Städten, die Straßen nicht staubiger, der Cappuccino nicht teurer - die Durchschnittlichkeit von Leonessa ist das Schöne. Es ist still auf der Piazza, das alte Motorrad die einzige Attraktion für die drei oder vier jungen Kerls am Nebentisch.

Eine stille Stadt im Mittagsschlaf - beim Abfahren verbrenne ich mir fast den Po am heißen Sattel.

Rom ist natürlich anders, gewaltig und laut, heiß und staubig. Bombastisch in seinen Dimensionen und auf den ersten Blick unerträglich wie jede Metropole. Und dann auch wieder leicht, ganz leicht, dies allerdings nachts und nur nachts. Wenn die Tageshitze weicht, wird auch Rom leicht.

Menschen in einem kleinen Weinlokal: ein Bankangestellter über Vino Nobile di Montepulciano, ein Werbemensch mit Orvieto Classico, sie wirken zufrieden, reden miteinander, schweigen dann wieder (miteinander?), trinken Wein und zelebrieren das Ende des Arbeitstages über Wein und der Zeitung.

Und dann ist da auch noch St. Peter, die gewaltige Kuppel über dem Häusermeer, das richtungsweisende Mittelschiff erstickend im Barock und darunter eine Krypta voller Päpste. Am schönsten ist der Dom bei Nacht, von draußen, vom Petersplatz. Die blaßblaue Kuppel über der Stadt, die Nächte am Brunnen davor und die Gleichgesinnten, die in der Bewunderung Versammelten.

Menschen: die Mädchen aus Dublin, Georgia, die alle auf irische Vorfahren zurückblicken können und doch keine Ahnung mehr von dieser alten Heimat haben. Ihr Akzent ist rein amerikanisch, und keine weiß, warum ihre Vorfahren damals ihre Insel verließen. Hungersnot 1848? Ein Fremdwort für sie. Geblieben die irischen

Namen; sie heißen Devra, Deirdre, Maureen oder Erin, romantisierende Anklänge an eine verlorene Vergangenheit. Allen gemein die Mitgliedschaft im Club 'Friends of Ireland', mit dem sie jetzt auch diese dreiwöchige Reise durch Europa unternehmen. Stationen? Zwei Wochen Schweizer Berge, eine Woche Italien. Dublin, Ireland? Das sei doch mit Sicherheit zu weit für eine solche Reise.

Mehr Menschen: Ein Liebespaar aus Japan ebenfalls am Brunnen vor St. Peter. Kommunikation im Reiseführer-Italienisch, bei Nichtverstehen Einvernehmen. Bis dann um elf die Stadtpolizei in ihrem schnittigen, blauen Alfa auf den Platz rollt und alle mit einem freundlichen 'Buena Sera' zum Heimgehen überredet. Dann wird der Platz still, St. Peter noch unnahbarer, blaßblau über der Stadt leuchtend, und darunter ein einzelnes helles Fenster, des Pontifex Schlafgemach.

Und Rom wird etwas leiser und die Wärme der Mauern und Häuserwände prominenter.

Florenz, 15.7.

In dieser Stadt auf dem Motorrad zu überleben, ist wirklich eine Kunst.

Das alte Kopfsteinpflaster ist aufgeworfen - die Motorradgabel hüpft nur so darüber hinweg, Zweiräder und Autos schießen unter kompletter Mißachtung aller in Mitteleuropa sonst gültigen Verkehrsregeln von allen Seiten auf mich zu, Einbahnstraßen und rote Ampeln ebenso negierend wie Fußgänger, die sich springend und rennend auf die andere Straßenseite retten. Die Straßenbeschilderung hat mit Orientierung überhaupt gar nichts zu tun, doch das gilt nicht nur für Florenz, sondern für ganz Italien. Man erkennt sehr schnell, wofür man in Italien die Sonne benötigt - nämlich zur Orientierung, um von Stadt zu Stadt zu gelangen. Durch Italien fahre ich grundsätzlich mit der eingenordeten Karte auf dem Tank und vergleiche sie mit dem Stand der Sonne. Auf diese Weise lassen sich nicht nur die größeren Städte, sondern selbst kleinere Ortschaften finden.

Auf diese Weise habe ich sogar problemlos aus Rom herausgefunden. Die Beschilderung in Italien ist nämlich ein Muster an Inkonsistenz; hat man mal auf einem Schild den Ort seiner Wahl gefunden und folgt dem Pfeil, so muß man spätestens an der nächsten Kreuzung wieder anhalten, weil der Zielort nicht mehr angegeben wird, sondern nur eine Anzahl komplett anders klingender Orte.

Was wäre Italien ohne Sonne? Ein Land ohne Autos wahrscheinlich.

Abends dann das Konzert der 1.000 Stimmen im Dom zu Florenz und das Paar aus Schweden, sie Friseuse und er UN-Soldat, gerade aus Tuzla heimgekehrt. Eine grotesque Situation, die Diskussion über die Lage im kriegerischen Jugoslawien, das entsetzliche Sterben angesichts des Friedens in der Kathedrale, der sphärische Klang der hellen Kinderstimmen und der Anblick der Menschen, welche, die Musik genießend, langgestreckt auf dem marmornen Boden liegen oder, vertieft, verklärt, in sich versunken, auf Bänken sitzen oder um die Säulen stehen.

Martin sagt, er sehe keinen Sinn darin, die UN-Soldaten noch länger in Bosnien zu belassen. Die Truppe sei derart zusammengewürfelt und von überwiegend schlechter Moral, (er erwähnt die pakistanischen Soldaten, die für einen Hungerlohn von ihrer Regierung nach Bosnien geschickt würden - immerhin verdient der pakistanische Staat an jedem Soldaten 1.000 $ pro Monat - und die nichts anderes als die Möglichkeit des Asyls suchen würden).

Die UNPROFOR könne mit ihrem Mandat sowieso nicht eingreifen, und so sei man als Soldat vor Ort auf kleinere humanitäre

Hilfeleistungen für die leidende Bevölkerung beschränkt, würde vielleicht halbe Tage lang gepanzerte Wagen von einer auf die andere Straßenseite fahren, hinter denen dann die Menschen - vor Heckenschützen halbwegs verborgen - die Straße überqueren könnten. Ihre Passivität mache sie - so Martin - sehr unbeliebt bei der Zivilbevölkerung. Und wer könne es den geschundenen Menschen schließlich verübeln, wenn sie, den leeren Versprechungen der Weltgemeinschaft überdrüssig, ihren Unmut gegen die Blauhelme richteten?

Während die Kinderstimmen hell und klar in die wunderschöne von Brunelleschi bemalte Kuppel des Doms hineinsingen, beschreibt Martin seinen Bosnieneinsatz als Scharfschütze, der nicht schießen darf und sein Unverständnis, wie Menschen sich gegenseitig all diese Greuel antun könnten. Er meint, man solle die UN-Truppen abziehen und das Waffenembargo gegen Bosnien aufheben. Dabei ist er nicht einmal kaltschnäuzig oder unbeteiligt und auch nicht einer derjenigen, die solche Tipps vom Stammtisch absondern; er ist im Gegenteil mitfühlend und gleichzeitig kompetent - er war ja schließlich vor Ort - und somit überzeugend, wenn er vermerkt, daß eine Friedenstruppe ja dort schließlich nichts ausrichten könne, wo keine der kriegführenden Parteien den Frieden wolle, wo einzig der militärische Erfolg zählt.

Allenfalls resigniert ist Martin, der sich die Unfähigkeit zu helfen allzu oft hatte eingestehen müssen. Seine Hilflosigkeit ist ehrlich, aufrichtig und nicht zuletzt deshalb so erschütternd, weil man Hilflosigkeit nun mal eben nicht als ein Attribut eines schwerbewaffneten Soldaten betrachtet - die Präsenz einer Waffe suggeriert in der Regel Aktivität oder zumindest Aktionismus.

Martin Johansson, der UN Soldat in Bosnien, ist das Werkzeug der Politiker, er ist ein Repräsentant jener friedensstiftenden Kampftruppen, die von den Politikern der Welt im Stich gelassen wurden. Wenn er vorschlägt, die UN möge Jugoslawien verlassen, so ist dies ein Schlag ins Gesicht westlicher Politiker, die Sanktionen verhängen, Gespräche anbieten, Aktionen androhen und damit jede Glaubwürdigkeit verspielen.

Einen Tag nach dem Konzert in Florenz fliegt Martin mit seiner Freundin Carina zurück nach Stockholm, in wenigen Tagen wird er wieder in Tuzla sein, und wenn er sich beeilt, schafft er es noch, bevor die Serben auch diese UN-Sicherheitszone überrennen...

San Gimignano, Hotel la Cisterna

Zurück in der schönsten der toskanischen Hügelstädte in der Hoffnung auf zwei schöne letzte Tage, bevor die Reise für mich allein weitergeht. Doch macht sich Beengung breit, der bevorstehende Abschied wird schon jetzt zelebriert, die Gegenwart geht verloren angesichts einer Trennung, die nur wenige Wochen dauern soll. Mir wird es zu eng in diesem Hotelzimmer mit Blick über die Piazza de la Cisterna, während im Fernsehen Sky News die Nachrichten des Tages zum Entertainment verwurstet.

Ich muß heraus aus diesem Zimmer.

Nach dem Cappuccino am Morgen kaufe ich ein, Rotwein, Brot, Käse, nehme noch einen Liter Wasser mit und laufe los, irgendwohin, vielleicht einmal herum um San Gimignano. Hauptsache allein.

Die Hitze ist brütend, ich schätze sie auf knapp 40°. Mein Weg führt mich durch hohes Gras, in dem es bedrohlich raschelt, über Schotterwege und Weinhänge, durch Sonnenblumenfelder von unglaublicher Ausdehnung und über Zypressenalleen. Es ist herrlich, so unbeschwert und sorglos.

Der Hitzeschock kommt nach etwa zwei Stunden. Von einer Minute auf die andere fühle ich mich schlapp und schwach, habe Riesendurst und eine ganz plötzliche Sorge, nicht mehr nach San Gimignano zurückkehren zu können. Was, wenn es mich hier erwischt, denke ich, und sofort fällt mir mein Arzt in Irland ein, der mir sowieso von dieser Reise abgeraten hatte. Ich setze mich auf einen Stein am Wegesrand, trinke etwa die Hälfte meines Wassers und gehe dann langsam weiter.

Die nächsten zwei Stunden bis zur Rückkehr in den Ort werden zur reinen Willenssache. Mein Zustand stabilisiert sich, die Schwindelgefühle verschwinden, Durst und schwäche jedoch bleiben.

Nichts Ernstes - nur die ganz normale Austrocknung.

Bei meiner Rückkehr nach San Gimignano trinke ich drei Liter Wasser und Orangensaft auf einen Schlag, und danach geht es mir besser.

Ich möchte die Erfahrung nicht missen, es war interessant zu spüren, wie der Körper mit der Trockenheit umgeht.

Überdies war die Wanderung wunderschön, beim Gehen werden die jahrtausendealten Spuren, die die Menschheit in der Toskana hinterlassen haben, noch viel deutlicher: Da gab es ein Wäldchen, das auf einer Art kleinem Plateau wuchs; beim Näherkommen stellte sich heraus, daß dieses Plateau das Dach eines Gewölbes gewesen war, welches noch immer begehbar war. Der Wald darüber war jedoch schon uralt.

Völser Weiher, 19.7.

Zurück in den Bergen, zwei Wochen Toskana sind vergangen, nunmehr Geschichte, jedoch mit starken Gegenwartsbezügen. Die Distanz von San Gimignano nach Bozen erscheint erstmalig als Größe, die mehr von meiner physischen Leistungsfähigkeit als von der meines Motorrades bestimmt wird - mehr als ein geringfügig höherer Ölverbrauch war der alten Maschine nicht anzumerken, während ich todmüde ankam, nachdem ich stundenlang den Faktoren italienischen Verkehrs, der Anarchie, den schlechten Straßenbelägen und der fehlenden Beschilderung ausgesetzt war. Dazu die Hitze: 35° in Pisa, 38° in Modena in der Poebene, die dieses Mal so gar nichts poetisches an sich hatte. Die Austrocknung war beinahe meßbar, zumindest aber physisch erlebbar.

Der Abetonepaß war eine wunderbare Erholung, denn minütlich sank die Lufttemperatur mit jeder neuen Kehre; ganz oben, auf 1.400 Meter, hatte dann auch die Lederhose jede quälende Qualität eingebüßt.

Ich hielt an einem Brunnen an der Straße, sein Wasser war eiskalt und wohlschmeckend. Dazu gab es Brot und eingelegte Tomaten und trockenen *formaggio nero*. Die Welt in Italien ist von toskanisch-einfacher Wunderbarkeit.

Die Hochzeit in dem kleinen Bergdorf, für die ich hierherkam, wird ein herrliches Fest. Zwar kenne ich das Brautpaar nicht, doch bin ich ein Freund des Patenonkels der Braut - zumindest komme ich mir nicht störend vor. Blasmusik, eine Aussicht über das Eisacktal bis nach Bozen, die warme Abendsonne und am Ende sind alle von Wein und Obstler so betrunken, daß jeder die Braut küßt.

Wir übernachten in einem kleinen Haus in diesem Bergdorf und nehmen das Gewitter am frühen Morgen als willkommenen Anlaß, noch eine Stunde länger im Bett zu bleiben.

Als ich aufstehe, ist das Gewitter nurmehr in der Ferne zu sehen, die Sonne scheint, und die Landschaft glitzert in der Morgensonne. Über das Tal hinweg kann ich Schloß Prösels erkennen, die Reste der Regenwolken dräuen um seine Türme, der Wald, der es umgibt, leuchtet tiefgrün und die nassen Kieferschindeldächer dampfen. Ein Morgen wie aus der Genesis, der Regen hat die letzten Tage, Wochen weggewaschen, die nächsten liegen allein in meiner Hand.

Ich koche einen Espresso, während die anderen Hochzeitsgäste noch schlafen und setze mich auf den hölzernen Balkon. Eigentlich hatte ich geplant, zurück gen Nordwesten zu fahren, zurück nach Irland. So war es bis gestern gewesen, doch seitdem ich ab Pisa wieder allein unterwegs war, habe ich meine Pläne geändert. Die Karte von Norditalien zeigt an, daß es nicht weit bis nach Venedig ist. Von dort gibt es Fähren nach Griechenland...

Ich schreibe eine Postkarte nach Irland, trinke meinen Kaffee aus und werfe mich in mein Leder. Alles Routine, das Halstuch eineinhalbmal um den Hals geschlungen, Knoten vorn, die Geldbörse in der gewohnten Tasche, Vergaser tupfen, bis das Benzin auf die Schaltwippe tropft und dann den beherzten Tritt auf den Kickstarter. Die Maschine dampft, als das Regenwasser auf Motor und Auspuffrohren verdunstet, und ruhig brummend geht es durch kleine Bergdörfer hinunter ins Tal der Etsch.

Ein wunderbarer Reisetag, in bewährter Manier fahre ich wieder ein wenig nach Osten und dann nach Süden...

II. Zwischen den Welten

Die wahre Reise aber beginnt im Kopf...

"Und wieso gerade Griechenland?", fragte sie mit eben jenem hintergründigen Lächeln, das eigentlich keiner Antwort bedurfte. Zumindest wußte ich, daß dies keine wirkliche Frage war, sondern eine Bemerkung, die sie an sich selber richtete.

Ich sah an ihr vorbei über das Wasser, ein paar Fischerboote dümpelten träge in der Mittagshitze. Alles war weiß und blau, die Boote, das Meer, der Himmel, die kleinen, rechteckigen Häuser, lediglich unterbrochen durch ein rotgestrichenes Holztor an einem der Fischerhütten und dem verbrannten Braun der Landschaft.

"Ich weiß auch nicht", sagte ich trotzdem, "Griechenland war immer so etwas wie das andere Ende der Skala. Griechenland ist noch erfahrbar, im wahrsten Sinne des Wortes; du brauchst kein Flugzeug, um nach Griechenland zu gelangen, das alte, klassische Reisen ist noch möglich, wenn du weißt, was ich meine. Wenn du in der Mitte des Kontinentes wohnst, dann kannst du von Grie-

chenland träumen, du kannst, wenn du willst, deine Sachen pa-
cken und losfahren, und am Ende der Straße wirst du Griechenland finden.

Du mußt nicht fliegen, dich nicht in die Anonymität der Lüfte
begeben. Du kannst nach Griechenland reisen, wenn du in Europa
wohnst. Und wenn du nach ein paar Wochen wieder nach Hause
kommst, dann nimmst du dir die Karte vor und läßt den Finger
wandern. Du sagst: hier in Sterzing hatte ich einen Platten, oder:
dort in Ancona hatte ich das beste Schokoladeneis in ganz Italien,
oder so etwas..."

"Du ißt doch überhaupt kein Schokoladeneis", sagte sie grin-
send, wie um mir zu bedeuten, daß sie hier und jetzt keine Lektion
über das Reisen zu hören willens war. "Und wie geht das nun
weiter? Du bist in Griechenland, die türkische Küste ist nur noch
eine halbe Tagesreise entfernt; fährst du weiter nach Asien?"

Das Lächeln auf ihrem Gesicht war verschwunden, jetzt wollte
sie wirklich etwas wissen.

"Ich weiß noch nicht, mal sehen. Kommt darauf an, wie lange
das Geld reicht."

Plötzlich wollte ich alles über sie erfahren, woher sie kam, wohin sie wollte, was sie dachte und fühlte.

Sie hatte an der Straße gestanden, zwischen Athen und Piräus, eine Tramperin mit kurzen Hosen, den bunten Rucksack an eine Straßenlaterne gelehnt. Es war einer dieser stickigen, lauten und dreckigen Tage in Athen gewesen, die so gar nichts mit der Idee vom Süden zu tun haben. Ich fragte mich, während ich mich an der Akropolis durch den dichten Verkehr kämpfte, was es denn eigentlich war, daß mich zuhause immer voller Fernweh an Athen denken ließ.

Der Süden, die Idee des Südens erstickte im Qualm der Lastwagen und wurde bedroht von den aus allen Richtungen heranschießenden Taxis. Der reine Zufall ließ mich anhalten; ich fuhr eigentlich nur rechts an den Bordstein heran, weil ich zufällig auf der rechten Spur war und kein Auto im Rückspiegel hatte.

Außerdem, so dachte ich, würde es zu zweit vielleicht einfacher sein, diesen Verkehr zu überleben. Erst als ich anhielt, wurde mir bewußt, daß ich gar nicht wußte, in welcher Sprache ich sie ansprechen sollte; Englisch war in solchen Fällen immer gut, man vermied seine Muttersprache und der Gegenüber sah, daß man sich bemühte:

"Where are you going?"

Später sagte sie, sie sei schon ein wenig überrascht gewesen, daß gerade dieses altertümlich wirkende Motorradgespann anhielt, um sie mitzunehmen. Sie hatte ja auch gar keinen Helm dabei...

Jung war sie, sehr jung, das hatte ich sofort gesehen, und deutsch sprach sie, obwohl sie nicht besonders deutsch aussah, eher türkisch - dunkel zumindest, mit großen dunklen Augen und langen schwarzen Haaren.

Sie stieg an den Bootsanlegern in Piräus aus, und bis ich einen Parkplatz gefunden hatte, war sie nach einem schnellen 'Danke' auch schon im Gewimmel der Menschen und Lasttaxis verschwunden. Erst oben an Deck der Fähre nach Paros sah ich sie wieder, sie stand an der Reling und winkte mich herüber:

"Danke für's Mitnehmen, ich habe Dir einen Kaffee geholt."

Sie war schön, das bemerkte ich nun, sehr jung, und schön, sie bewegte sich leichtfüßig und gewandt und nur ihr langer, schwarzer Zopf suggerierte Schwere. Am auffälligsten aber fand ich die Natürlichkeit, mit der sie mir entgegentrat; sie war unbefangen und offen und nicht im mindesten schüchtern, aber auch keine Plappertasche.

Der Blick von der Reling war wunderbar: das Hafengewimmel von Piräus, die bunten, kleinen Händlerkarren, Menschen, die in alle Richtungen flitzten, dazwischen Motorroller und Eselsfuhrwerke. Das Schwirren griechischer Stimmen erfüllte die Luft; die grundlose Hektik, die im Süden alles begleitet, das aufgeregte Durcheinander, die teils chaotische Beladung des Schiffes, genau das war es gewesen, was mich hierherbrachte. Hier war Leben, pralles, lautes Leben, das schrie und lachte und schwitzte.

Das Ablegen wie eine Befreiung, die dicken Tampen klatschten ins klare Wasser und das Schiff nahm Fahrt auf, die Silhouette Athens zog vorbei - wie Beirut vor dem Bürgerkrieg - dann das Meer.

Nadine hieß sie, und ihre Mutter war Inderin, der Vater, Fotograf, geschieden, lebte irgendwo in Hamburg. Sie, zwanzig Jahre alt, Kunststudentin in Nürnberg, allein unterwegs, da ihr die Decke auf den Kopf gefallen war nach der Trennung von ihrem Freund.

Man kennt das, das Heil liegt in der Entfernung, die Illusion, vor irgendetwas davonlaufen zu können. Dabei wirkte sie nicht verloren, ängstlich oder unglücklich; sie schien das Mißlingen einer Beziehung mit Leben überkommen zu wollen, neugierig und positiv.

Ich genoß es, daß sie erzählte, hörte manchmal kaum hin, obwohl es nicht uninteressant war, was sie von Nürnberg und München erzählte, wo sie anscheinend viel Zeit verbrachte, dann von ihrem Vater, der wohl ein bekannter Fotograf sein mußte, wiewohl ich seinen Namen nicht kannte. Nein, und aufdringlich war sie auch nicht, ganz und gar nicht; ich genoß die Einfachheit der Situation, das unkomplizierte Erzählen, während wir auf einem Schiff in der Ägäis saßen, die Kykladen erwarteten und Ouzo und griechischen Mokka tranken. Das Meer schimmerte blau wie im Bilderbuch, und wir bekamen sogar noch einen Sitzplatz unter einem Sonnensegel, obwohl es Anfang Juli war und das Schiff voller Touristen. Das Leben plätscherte, und dieses fremde Mädchen mit ihren langen Haaren war ein Teil dieses Wohlgefühls.

Es war keine Frage, daß wir zusammen weiterfuhren.

Es hätte nicht einmal meines Hinweises bedurft, daß ich die Insel gut kenne, da ich schon einige Male dort gewesen war und ihr daher ein Fremdenführer sein könne.

Seltsam, wieder die Hafenpromenade von Parikia entlangzufahren. Der Platz vor dem Anleger war so staubig wie eh und je. An der alten Mühle am Dorfplatz saßen junge, braungebrannte

Touristen mit bunten Rucksäcken; scheinbar nichts hatte sich geändert in jenen zehn Jahren, als ich zum ersten Male die griechischen Inseln bereist hatte.

Scheinbar nichts, und doch war alles anders, alles total verändert, denn mein Blickwinkel war ein anderer. Damals, mit zwanzig, da war ich Teil dieser Menge von Touristen, mein Rucksack stand neben dem von Kati, wir waren braungebrannt und verliebt. Wir hatten den Staub der Inselstraßen zwischen den Zehen, mein Haar war lang, und ich trug ein Stirnband. Wir waren ein schönes Paar gewesen, das sagten alle, wir verkörperten die Lebenslust und betrachteten die Welt mit Neugier und Zärtlichkeit.

Uns gehörte die Welt, die Zukunft sowieso, und wir wußten sogar schon die Namen unserer Kinder, die irgendwann einmal geboren werden würden. Nur über die Farbe des gemeinsamen Geschirrs hatten wir uns noch nicht geeinigt. Wir waren bereits seit zwei Jahren zusammen (und würden noch fünf weitere Jahre zusammen sein), und alle wußten, daß Kati und ich ein Paar waren, daß wir zusammengehörten und uns nie wieder trennen würden. Wir hatten miteinander die Schule beendet, und dann die schwierige Zeit überstanden, in der ich noch meinen Zivildienst ableisten mußte, während sie schon mit dem Studium beginnen konnte. Dann war ich ihr gefolgt in die alte Stadt in Westfalen und begann meinerseits mit meinem Studium. Und wir waren weiterhin ein Paar.

Damals war ich gesund...

Ich schlug eine kleine Taverne am Dorfende vor, Tische am Meer, Sonnensegel, die Küche über die kleine Straße. Der Wirt, griechisch-jovial und geschäftstüchtig, erzählte in schlechtem Englisch, daß hinten in seinem Schuppen auch noch solch eine 'BMWu' stände, sie sei sogar noch aus dem Krieg.

Ob er sie einmal sehen wollte, während die Dame das Essen aussuchte? Ich winkte ab und spürte erneut die Veränderung in meinem Leben; ich war immer der erste gewesen, der sich nach Motorrädern umgesehen hatte, das Neueste vom Neuen darüber wußte und überall, besonders im Süden, nach einem alten Zweirad suchte, das ich billig erstehen konnte. Und eigentlich konnte man auch nur dort noch ein Schnäppchen machen, eine alte Maschine in einem halbverfallenen Schuppen entdecken und für ein Taschengeld erstehen und dann irgendwie nach Hause bringen. Dann war ich der König und hatte das Gefühl, den Handel meines Lebens gemacht zu haben. Und wie hatte sie manchmal geschimpft, verständlicherweise, wenn das letzte Geld des Urlaubs für die Verschiffung eines rostigen Motorrades draufging, verständlich, natürlich, wir waren nur Studenten, die eigentlich ihren Urlaub genießen sollten.

Meine Begeisterung kannte keine Grenzen, wenn ich eine alte Maschine wiederaufbauen konnte, da wurde wochenlang geschraubt und poliert, geschweißt und gedengelt, elektrische Schaltpläne studiert und Vergaser gesäubert.

Und was waren das manchmal für Schrotthaufen gewesen, die ich mir und meiner Umwelt zumutete, etwa jene 350er Terrot, die ich im Hinterhof eines verfallenden Gutshauses in Südfrankreich entdeckt hatte. Ein Modell aus der Zeit vor dem Kriege, in den vermoderten Satteltaschen steckten noch französische Aluminiumfrancs aus der Besatzungszeit. Monsieur Boé, der in Puymirol wohnte, konnte als Besitzer des Eisenhaufens ausfindig gemacht werden - und das trotz meines mangelhaften Französisch – und erklärte sich nach einigen Flaschen Rotweins in der örtlichen Patisserie zur Übergabe des Stückchens bereit. Ich bezahlte mit mehr Rotwein und dem Versprechen, ein Photo des restaurierten Fahrzeugs zu schicken. Als es drei Jahre später soweit war, war Monsieur Boé gestorben und der Brief kam ungeöffnet zurück.

Was waren das für leidenschaftliche Debatten gewesen, die ich mit Kati führen mußte, wenn ich an langen Winterabenden Kabelbäume lötete und kein Interesse am gemeinsamen Fernsehen zeigte, wie fühlte ich mich in meinem Enthusiasmus beschnitten und wie unverstanden.

Und jetzt winkte ich einfach ab, nicht interessiert, vielleicht ein Schnäppchen zu erstehen. Wozu auch, ich würde wohl sowieso nicht mehr zur Restaurierung desselben kommen. Die Idylle von ölglänzenden Kurbelwellen, schimmernden Auspuffrohren und frisch eingespeichten Laufrädern in einem winterlichen Schuppen mit Gasofen in der Ecke, einer Kanne heißem Tee auf dem Arbeitstisch und tagelang öligen Fingern hatte an Attraktivität verloren. Selbst der Moment, in dem ich anfing, all die überholten und reparierten Teile zu einem Ganzen zusammenzufügen und unter meinen Händen ein zweirädriger Traum einer vergangenen Epoche entstand, vermochte mich nicht mehr zu locken.

Das hatte ich alles schon gehabt; ein halbes Dutzend Male schon hatte ich mir nach Tagen der Schrauberei die öligen Hände gesäubert, mit einem weichen Lappen die letzten Spuren der Arbeit von der Maschine gewischt, Öl und Benzin eingefüllt, Vergaser getupft und dann den Kickstarter getreten in der Hoffnung, daß der Motor dumpf grollend oder einzylindrig hämmernd anspringen würde.

In diesen Momenten hatte ich Glück verspürt, Glück und Stolz, und ich empfand es umso trauriger, daß ich dieses Gefühl nicht mit jemandem teilen konnte - aber das muß vielleicht so sein.

Diese Zeiten waren für mich vorbei; ich mußte mir nicht mehr beweisen, daß ich ein guter Handwerker war, ich konnte es mir erlauben, mich nicht mehr für alles Zweirädrige zu begeistern. Deshalb mein geringes Interesse an der alten 'BMWu' unseres Wirtes.

Stattdessen ein Essen mit Nadine unter südlicher Sonne: Salate in Olivenöl, Kartoffeln, Tomaten und Zaziki, daneben eiskalten Retsina.

Ja, wieso eigentlich Griechenland? Wahrscheinlich genau deshalb, gerade wegen Olivenöl und kaltem Wein, wegen blauem Meer und weißen Häusern und den staubigen Straßen.

"Und du, warum bist du hier und nicht etwa in Lappland?", fragte ich. Sie lachte: "Athen war billiger als Lappland, und außerdem fiel mir die Decke auf den Kopf, da brauchte ich einfach einen Platz, an dem ich unter den Sternen schlafen kann..."

Dann zeigte ich ihr die Insel. Paros ist schön, sie ist der Archetyp einer griechischen Insel, voller weißer kubusförmiger Häuser, die, weiß gekälkt, wie Zuckerwürfel über die Landschaft gestreut sind. Die wenigen Dörfer bestehen aus aufeinandergeschichteten Zuckerwürfeln. Sobald man Parikia verläßt, fährt man durch Staub, zumindest im Sommer.

Wir besuchten das Schmetterlingstal, eine Art Oase in der verbrannten Landschaft, in der eine Spezies Nachtfalter lebt, die die Tage ziemlich bewegungslos auf Blattunterseiten verbringt. Keine besondere Attraktion eigentlich, nur wenn man in die Hände klatscht, wird es interessant; dann erhebt sich nämlich eine wunderbare rot-schwarze Wolke aus den Sträuchern und schwirrt um die Köpfe der Besucher. Allerdings ist genau das verboten, denn die Falter brauchen ihren Schlaf und können sonst, so sagt uns der örtliche Umweltschützer, an Ermüdung sterben. Das Schönste am Schmetterlingstal ist das Verlassen desselben, man weiß, daß man nun die Sehenswürdigkeiten der Insel abgehakt hat und genießt das Baden im Meer umso mehr. Also klatschen wir in die Hände und machen uns davon.

Augenscheinlich machte ihr dieses Fahren im Beiwagen großen Spaß, sie lehnte sich in die Kurven und lachte laut auf, wenn ich das dritte Rad in Rechtskurven hochnahm. Der Staub in der Luft schien sie nicht zu stören und auch nicht die Schlaglöcher.

Am Abend saßen wir wieder in einer kleinen Taverne, dieses Mal am Westrand der Insel; wieder gab es Wein und Tomaten, Käse und Fleischspieße.

"Nimmst du mich mit auf die nächste Insel?" fragte Nadine über den Rand ihres Weinglases.

"Gern, wenn du mich noch nicht satthast. Ich hoffe, daß ich dir deine Reisepläne nicht allzu sehr durcheinanderbringe. Was hattest du denn vor hier in Griechenland?"

"Ich glaube, ich wollte mit einem Gespann die Inseln erkunden, wenn du es so genau wissen willst." Da war es wieder, dieses vielsagende kokette und einladende Lächeln, das mir gefiel und mich gleichzeitig so verlegen machte.

"Und wie reisen wir"; fragte ich, "etwa mit Sand im Schlafsack und ohne Dach über dem Kopf?"

Es waren schöne, unbeschwerte Tage und Nächte. Wir besuchten die Nachbarinsel Naxos, verglichen die Küche und die Sterne in der Nacht, schwammen hinaus in die Nacht und wachten am Morgen neben dem Gespann auf, wir lebten mit Salz im Haar und freuten uns schon am Abend auf das Frühstück in einem Kafenion, auf Kaffee und Joghurt und Brot.

Ich war solch eine Unbeschwertheit mit einer Frau - und das war Nadine für mich, denn sie war zwar jung, doch ungemein reif und erwachsen - gar nicht gewohnt. Das Miteinander mit ihr war neu, wohltuend neuartig.

Wir entdeckten die Inseln zusammen; ich entdeckte sie neu mit ihr und durch ihre Augen. Es gab so viele Perspektiven, nicht nur die meine, und ich ließ ihre Augen für uns beide entdecken. Nein, wir waren kein Paar, wir genügten uns im Zusammensein und bestätigten uns darin, daß wir unsere gemeinsame Zeit nicht durch körperliche Einheit prägen mußten. Wir ließen uns Frieden und Ruhe und genossen die Unabhängigkeit des Anderen.

Wir wiesen uns hin auf unsere Welt, auf das blaue Meer, die kleinen Häuser mit den bunten Türen und dem Dorfpopen unter der Akazie auf der Plaka. Wir zeigten uns gegenseitig unsere Gegenwart und erzählten uns unsere Vergangenheit.

Ich erzählte ihr von dem Land, in dem ich wohnte, von Irland und dem Traum, den ich zu leben versuchte, von Fuchsienhecken und Atlantikwinden, von grauen Steinmauern und der Idee, dort einmal ein Haus zu bauen. Ich entwarf ihr ein Bild von grünen Hügeln, auf denen verstreut einige Häuser lagen, und Feldern, auf denen kleine weiße Wolken spazierten, von Stürmen im Herbst und von Regen, der in Minuten durchnäßte.

Es fällt mir immer schwer, wenn ich von Irland erzähle, nicht ins Schwärmen zu verfallen. Ich rede ganz bewußt vom Regen und von dieser alles durchdringenden Feuchtigkeit im Winter, die die tiefstehende Sonne nicht mehr abzutrocknen vermag, von Tagen im Nebel und Wintertage, die um drei Uhr nachmittags in die Nacht übergehen. Und dennoch fällt mir immer auf, daß dies gar nicht abstoßend klingt, sondern ein Leuchten in den Augen der Anderen hervorruft - so auch Nadine.

"Erzähle weiter," bat sie, als ich eine Pause einlegte und sie fragte, ob ich sie langweilen würde, "sage mir, wo und wie du lebst auf deiner Insel. Was siehst du, wenn du aus dem Fenster schaust? Wohnst du in der Stadt?"

"Nein, ich wohne mitten im Nirgendwo, nicht weit weg vom Strand und in den Bergen. Ich habe mir da einen Traum erfüllt, weißt du? So ein altes Haus auf einem Hügel, das eigentlich nur noch aus vier Wänden, zersprungenen Fensterscheiben und einem leckenden Dachstuhl bestand. Der Strom funktionierte nicht, und es gab keine Heizung."

Ich hatte die glorreiche Idee gehabt, im November mit der Renovierung anzufangen. Ein halbes Jahr hatte ich gebraucht, bis es richtig bewohnbar war. In diesem halben Jahr habe ich jeden Tag von früh morgens bis spät in die Nacht gearbeitet, allein und bewußt nicht darüber nachgedacht, wieviel Arbeit wohl noch auf mich warten würde.

Dabei war ich schon froh, als ich endlich den Schlüssel zur Haustüre in Händen hielt, denn vorher hatte ich mich den zukünftigen Nachbarn und den Ältesten des nahen Dorfes vorzustellen, die angeblich ein Mitspracherecht hatten, wenn es um den Verkauf von Grundbesitz an Ausländer, *non-natives*, ging. (Erst viel später fiel mir auf, daß jeder ein Zugezogener, ein *blow-in*, ist, der nicht aus einem Radius von maximal 3 Meilen stammt.)

Nadine und ich fuhren nach Samos und ich erzählte von der Kälte im Winter, lange bevor die Heizung funktionierte, von Mäusen in der Küche und von Nächten, in denen ich vor Kälte kaum schlafen konnte, anderen, in denen ich abends am Küchentisch sitzend, einschlief und mein Essen vergaß, und manchmal derartig abgestumpft war, daß ich meine dreckige Arbeitskleidung tagelang nicht ablegte und nur noch im Rhythmus der zu erledigenden Arbeit lebte. Ich mauerte, verputzte, legte Stromleitungen und Wasserrohre, einen Abwassertank, Fliesen, Holzfußböden und -decken und so weiter. Es war eines jener Erlebnisse, von denen ich mir nicht vorstellen konnte, daß sie einmal zu Ende gingen - zu gewaltig war die Aufgabe und zu gering der tägliche Fortschritt.

Dabei war das Haus gar nicht so groß, ein paar Räume im Erdgeschoß und zwei Schlafzimmer oben, und ein Anbau, der so schlecht isoliert war, daß man ihn nur im Sommer benutzen konnte. Ich lebte von einem Raum in den nächsten und hatte das Gefühl, den Dreck nie bewältigen zu können, denn ständig gab es neue Probleme, die die Arbeit ins Unendliche zu verlängern schienen.

Doch dann kam der Tag, irgendwann im März, an dem ich den Frühling in der Luft spürte, an dem es ganz gewiß wurde, daß sich etwas veränderte. Es war noch immer Winter, die Wasserleitungen waren eingefroren und ich mußte mir Schnee in großen Eimern ins Haus holen, um mir damit einen Tee zu kochen. Trotz des Schnees lag der Frühling in der Luft, die Tage wurden länger und ich sah die Arbeit abnehmen, mit jedem Tag ein wenig mehr.

Im April strich ich das Haus von außen, ich ebnete den Garten ein und renovierte den Schuppen, ich schnitt die Hecken und strich den Gartenzaun. Mein Haus wurde weiß und alle Fensterrahmen blau, dunkelblau, griechischblau. An einem Morgen im Mai dann wußte ich, daß ich fertig war, daß ich meinen Traum vollendet hatte; ich nahm mein Frühstück, die Kanne mit Tee und einen

Stuhl und setzte mich in den Garten, mein Werk zu betrachten. Ich war glücklich und stolz auf meine Arbeit und gleichzeitig traurig, daß ich niemanden hatte, mit dem ich diese Freude teilen konnte.

Wir erreichten Samos um sechs in der Frühe, und mit der ersten Sonne rollten wir auf den Anleger von Karlovassi. Hoch oben auf dem Berg über der Stadt flatterte die blau-weiße Fahne im Morgenwind. Noch war es kühl, doch daß es heiß werden würde, war keine Frage.

"Ich hätte mich gern mit dir gefreut", sagte sie mit sehr viel Ernst, "warum hast du mir nicht gesagt, wo ich dich finde? So etwas macht man nicht alleine, das ist viel zu schade; ein Haus baut man zusammen, mit mehreren Freunden oder zumindest als Paar."

Ich spürte ihre Anteilnahme, und zum ersten Mal auf ihrer Reise gab ich der Versuchung nach, sie in den Arm zu nehmen. "Danke für's Zuhören, und beim nächsten Haus sage ich dir vorher Bescheid", sagte ich und fühlte ihren warmen, schlanken Körper, der sich eng an mich drückte.

"München", sagte ich beim Frühstück, "München habe ich immer zwiespältig in Erinnerung. Gerade von ein paar Tagen, oder sind es schon zwei Wochen, fand ich es wunderbar. Aus Irland kommend, spürt man den Süden zuallererst in München, die Architektur, die hohen, hellen Häuserwände und die kleinen Fenster darin, um im Sommer die Hitze und im Winter die Kälte außen vor zu lassen. Herrlich die Biergärten, dieses selbst gegenüber dem Norden Deutschlands ganz andere Leben draußen, auf geharktem Schotter unter Linden, vor dir die 'Moaß', über deren Rand du kaum hinwegschauen kannst, die Leute mit ihren Vesperkörben und diese ganzen knorrigen Gestalten, deren Sprache man kaum noch versteht. Und dennoch habe ich immer eine leises Unbehagen in München, denn ich denke immer an die Geschichte mit Sabine. Kann ich dir das noch aufbürden?"

"Nur zu, leg los," sagte Nadine "ich habe Urlaub und höre dir gern zu."

"Als ich das letzte Mal hier herunterfuhr und dann weiter in die Türkei, reiste ich mit Lothar, meinem besten Freund und alten Motorradkollegen. Eine klasse Tour. Unser erster Stop war eben München, wo wir bei einer alten Jugendliebe von mir übernachteten, die ich als Sechzehnjähriger angehimmelt hatte, jedoch immer chancenlos geblieben war. Irgendwann dann, Jahre später, ich glaube, es war sogar jener Sommer, als wir in die Türkei fuhren, waren wir uns wieder über den Weg gelaufen, und dieses Mal lief es umgekehrt. Sie wollte und ich nicht; ich fand sie einfach nicht mehr attraktiv - kannst du das verstehen?"

Nicken.

"Auf jeden Fall lud sie uns ein, auf unserer Fahrt doch bei ihr Station zu machen, und anfangs war auch alles ganz toll, die Altbauwohnung mit Blick über die Isar, die hohen, lichten Räume, die offenen Fenster und ein südliches Nachtmahl mit Salaten, Brot, Käse und Wein. Dann noch ein Biergarten, und übernachtet haben wir alle drei in ihrem Zimmer - immerhin teilte sie sich die Wohnung mit zwei weiteren Studenten.

Nachts, als Lothar schon lange eingeschlafen war, passierte dann eben, was ich mir bei Tage nicht vorstellen konnte und was eigentlich auch nicht passieren sollte, aber," und jetzt wurde mir diese Schilderung doch etwas peinlich, "na ja, sie war einfach die Verführung schlechthin und ich konnte und wollte ihr nicht widerstehen.

Am Morgen dann schien zunächst alles fröhlich und unkompliziert zu sein, wir scherzten und lachten beim Frühstück, und bepackten dann erneut die Maschinen. Als ich mich dann von ihr verabschieden wollte, oben, in der Wohnung, war sie in Tränen aufgelöst und beschwor mich zu bleiben. Ich solle nicht fahren, denn sie würde mich zu sehr vermissen, wir könnten doch zusammen verreisen, und so ging es weiter.

Ich war wie vom Schlag gerührt und wußte beim besten Willen nicht, was ich dazu sagen sollte; damit hatte ich nun gar nicht gerechnet, es war eine der Situationen, in denen ich nicht erkannte, was eigentlich glasklar war - und ich fühlte mich so elend und hilflos und spürte dieses Gefühl des Gefangenseins in mir hochsteigen.

Panik, das war das Einzige, was ich fühlte, Panik und Klaustrophobie. Nur weg, nur weg, dachte ich, verabschiedete mich schnell und hastig von ihr und zog von dannen. Es war schrecklich - ich wußte einfach nicht auf sie zu reagieren. Sie tat mir furchtbar leid und ich fühlte mich schlecht, unsagbar kalt und gefühllos und wollte nur weg, hinaus aus München. Lothar sagte nachher, ich sei total überstürzt aus dem Haus gerannt gekommen, aufs Motorrad gesprungen und dann gefahren wie ein Henker.

Ich fühlte mich noch monatelang schlecht, wenn ich an Sabine in München dachte, obwohl das für sie wahrscheinlich keinen Unterschied machte. Ich hatte sie sehr verletzt und in typisch männlicher Manier reagiert - eine der Situationen, die man am liebsten ungeschehen machen würde, wenn man nur könnte."

Die Sonne schien jetzt geradewegs in ihr Gesicht, doch hatte sie die Sonnenbrille noch nicht aufgesetzt. Das Morgenlicht brach sich in ihren braunen Augen. Zum ersten Mal konnte ich ihren Gesichtsausdruck nicht deuten.

"Entschuldige, vielleicht hätte ich die Geschichte nicht erzählen sollen - denn ich schäme mich selbst noch immer dafür."

"Schon gut," antwortete sie und legte ihre Hand auf meine, "ich muß nur gerade daran denken, daß ich diese Situation kenne. Ich weiß genau, wie dir in diesem Moment zumute war. Ich habe im letzten Jahr Ähnliches erlebt, als ich mit Alex, meinem damaligen Freund, in Schottland war. Irgendwo in einem kleinen Dorf brach unser Wagen zusammen - er wollte einfach nicht mehr starten. Es war ein schöner Sommertag und ich saß am Straßenrand und blätterte in einem Reparaturbuch, als ein Auto mit deutscher Nummer anhielt und der Fahrer uns seine Hilfe anbot. Er wohnte da irgendwo in der Gegend, er schleppte uns ab, und tatsächlich gelang es den beiden, die Kiste wieder flottzumachen.

Doch irgendwie gerieten wir ins Reden und blieben für die Nacht in seinem Cottage. Er war ein interessanter Typ und wir redeten die halbe Nacht lang, selbst als Alex schon ins Bett gegangen war. Ich gebe zu, daß ich mich zu ihm hingezogen fühlte, doch er redete und redete und wurde immer intensiver und versuchte mich davon zu überzeugen, daß ich die Frau seines Lebens sei und doch hier bei ihm bleiben solle. Ich kann dir sagen, wir sind am nächsten Morgen ähnlich panisch abgedampft."

"Ja, aber du hast ihm wenigstens keinen Grund gegeben, sich Hoffnungen auf dich zu machen, oder?"

"Nicht direkt, aber ich merkte schon an dem Abend, daß er jedes Schweigen, wenn ich ihm einfach nur zuhörte, für Zustimmung hielt, und er war mit Sicherheit davon überzeugt, daß ich ebenso empfand wie er. Zum Glück war Alex ja noch da, der von alldem zwar nicht viel bemerkte, hinter dem ich mich aber verstecken konnte."

"Ja, hast du ihm denn davon nicht erzählt?"

"Nein, das hätte nicht allzu viel Sinn gemacht. Er kannte mich sowieso nicht richtig, er wußte nicht viel von meiner Gefühlswelt und hätte auf diese Situation wahrscheinlich auch nicht zu reagieren gewußt. Wir waren danach auch nicht mehr allzu lange zusammen, denn wir fühlten einfach aneinander vorbei, weißt du, was ich meine?"

"Nur allzu gut", sagte ich "komm, laß uns noch einen Kaffee trinken..."

Samos hat jetzt Windkrafträder, holländische, der Europäischen Union sei Dank, und somit hat die ganze Insel nun Strom. Inmitten der Weinfelder, hinter einer alten orthodoxen Kirche stehen diese Monströsitäten, sieben oder acht an der Zahl; und natürlich ruinieren sie die Landschaft, wie Nadine sagt; sie sind ungriechisch und nichts weiter als die Sendboten der Neuzeit. Abends dann genießt aber auch sie das Licht in den Tavernen und einen heißen Kaffee um Mitternacht.

Nadine geht durch die Dörfer und schaut in die Läden, sie kauft eine griechische Zeitung, die sie nicht versteht, um sich an den Tag zu erinnern, an dem ich ihr etwas über die Bedeutung von Zeitungen im postnapoleonischen Frankreich erzählt habe. Sie nennt mich gelegentlich ihren Privatdozenten und kommt nicht darüber hinweg, daß sie mir in Irland eine Stelle an der Uni gegeben haben, um ihre Studenten über ihre (irische) Geschichte zu unterrichten. Jetzt muß ich zu allem, was wir sehen, etwas Historisches absondern, und ich lasse mir, mangels tiefgreifender Kenntnisse der griechischen Geschichte, die tollsten Sachen und Räuberpistolen einfallen, die sie, wann immer sie dahinterkommt, mit säuerlichen Blicken kommentiert, meist gefolgt von einem Kuß.

Ja, wir sind jetzt ein Paar, wie man so sagt; wir haben irgendwann gemeinsam bestimmt, daß auch wir die 'konservative' - wie sie es nennt - Art gemeinsamer Zweisamkeit brauchen. Das war oben in den Bergen gewesen, als wir nach einem Tag auf staubigen Pisten an einem alten Kloster anhielten und dort zu übernachten beschlossen.

Das Kloster lag auf einer Art Plateau, von dem man den gesamten südöstlichen Teil der Insel übersehen konnte; der Pfad dahin war von Olivenbäumen gesäumt, die Hunderte von Jahren alt sein mußten. Das Kloster selbst war verlassen, allerdings zeugten herumliegende Zementsäcke, Leitern und Fässer davon, daß hier Renovierungsarbeiten im Gange waren.

In einem Dorf hatten wir alles Nötige eingekauft: Weißbrot und Joghurt, etwas Wurst, eine Melone und Wein. Im Hof des atriumartigen Gebäudes gab es einen Brunnen, an dem sogar ein Eimer hing, so daß wir Wasser hatten, um Wein und Joghurt kaltzustellen.

"Was brauchen wir mehr; hier sind wir heute die Könige!" rief Nadine und genoß den Blick hinunter auf das Meer und bis zur türkischen Küste.

Ich hatte auf einem dieser Straßenmärkte in Italien eine Hängematte gekauft und spannte sie zwischen den Bäumen auf. Sie war breit genug für uns beide, und zu zweit schaukelten wir in die Nacht, den wunderschönen südlichen Sternenhimmel über uns und die ungewohnten Geräusche der griechischen Tierwelt um uns herum.

Dort oben trugen wir sie zu Kreuze, unsere rein platonische Liebe, auf einer schaukelnden Hängematte...

"Erzähle mir eine Geschichte", bat sie, als das erste Licht des Morgens den östlichen Himmel zu färben begann. "Jetzt?", fragte ich, glücklich, etwas schläfrig, mit Nadine in meinen Armen und eigentlich überhaupt nicht in der Stimmung, meinen Kopf zu gebrauchen. "Ja, jetzt - bitte."

"Na gut, aber du mußt mir ein Stichwort geben."

"Wie wäre es", sagte sie nach einer kleinen Pause, "mit 'Nacht' als Stichwort; Nacht und fremden Geräuschen."

"Darf's etwas Irisches sein?"

"Irgend etwas, was du magst."

"Also, vor ein paar Monaten, vor einer ganzen Reihe von Monaten, wenn ich es recht bedenke, auf jeden Fall während meines zweiten Winters in Irland, im November glaube ich, war es, da schreckte die Nachricht von einem entlaufenen Wolf die Bauern in meiner Nachbarschaft auf. Ich weiß nicht, wer auf die Idee kommt, sich einen Wolf als Haustier zu halten, doch hatte sich dieses Tier selbständig gemacht und irrte durch die Berge Wicklows. Seine Spur war leicht zu verfolgen, denn er ernährte sich von den Schafen, die überall auf den Wiesen lebten. In meiner Nachbarschaft hatte es auch einige Verluste gegeben, sodaß ich nicht besonders erstaunt war, als es eines Abends an der Türe klingelte und Billy, einer meiner Nachbarn, mich fragte, ob ich an der Suche nach dem Wolf teilnehmen würde. Ich sollte mich bereitmachen; man würde sich im Pub unten an der Straße in einer halben Stunde treffen.

Ich stieg also in meine warmen Stiefel, zog die grüne Wachsjacke über und setzte einen dunklen Hut auf, denn es war eine regnerische Nacht, und holte das Schrotgewehr aus dem Schrank, steckte mir eine gute Handvoll Schrotpatronen in die Tasche und machte mich auf den Weg.

Die Kneipe war voll von Männern, alle in dicken Jacken und Mänteln, die feucht glänzten. Viele rauchten, und zusammen mit dem Geruch des Torffeuers und dem feuchten Wachstuch ihrer Jacken wurde die Luft so dick, daß man sie beinahe durchschneiden konnte. MacAuley, einer der Farmer, der, wie er sagte, schon neun Schafe verloren hatte, erläuterte den Plan, wie wir den Wolf fangen wollten. Er vermutete den Wolf in einem kleinen Wäldchen

auf einem seiner Felder, denn dort habe sein Sohn ihn am Nachmittag gesehen.

Wir teilten uns in Gruppen zu jeweils zwei Männern auf, dann
gab Cyril, der Wirt, die Waffen aus. Jeder, der ein Schrotgewehr
mitgebracht hatte, erhielt ein Jagdgewehr im Tausch für diese
Nacht, und ich fragte mich nur, wer dieses stattliche Arsenal or-
ganisiert hatte. Der Besitz von Waffen wird in Irland sehr streng
kontrolliert, und ich war mir sicher, daß diese ganzen Gewehre
der Polizei nicht bekannt waren. Dann zogen wir hinaus in die
dunkle Nacht..."

Nadine war eingeschlafen, tief und ruhig gingen ihr Atem neben mir, doch ich war nun überhaupt nicht mehr müde, sondern
dachte an jene Nacht im November.

Wir zogen also hinaus und fuhren bis auf etwa eine Meile an
das besagte Feld heran. Vom Waldrand blitzte uns eine Taschen-
lampe entgegen - das mußte Eamonn, MacAuleys Sohn sein, der
dort seit dem Nachmittag ausgeharrt hatte und den Wolf 'be-
wachte'. Dem Plan gemäß kreisten wir den Wald ein, wir waren
zu zweit und jeweils in Rufweite der nächsten Gruppe. Dann hieß
es warten, während MacAuley mit drei erfahrenen Jägern in den
Wald hineinpirschte.

Ich war zusammen mit Sean, einem untersetzten, stämmigen Bauern, dessen kleine Farm auf der entgegengesetzten Seite meines Hügels lag. Gemeinsam hockten wir im nassen Unterholz, und um uns herum schien die ganze Welt nur noch aus dem Rauschen des Regens und dem Plätschern der Tropfen zu bestehen. Die Gewehre hatten wir entsichert auf unseren Oberschenkeln liegen und warteten nun auf irgendeines der verabredeten Zeichen, ein lautes Rufen und das Aufblitzen der starken Handlampen, die wir alle mit uns trugen. Ich war so gespannt, daß ich wiederholt das Knacken des Unterholzes zu hören glaubte, das den fliehenden Wolf ankündigte.

Doch nichts geschah. Es blieb still, und die Kälte kroch mir langsam in den Körper. Sean mußte es ähnlich gehen, denn irgendwann hörte ich ihn an seiner Jacke herumnesteln und den Korken aus einer Flasche ziehen. "D'you want some? Keeps you warm.", sagte er und reichte mir eine verbeulte, blecherne Flasche herüber, "Poteen from Mayo, my father-in-law distilled it himself."

Poteen, der in Irland noch immer gebrannte Kartoffelschnaps, illegal gebrannt, versteht sich - genau das Richtige für diese kalte Novembernacht, denn er trinkt sich wie flüssiges Feuer. Nach einer langen Zeit, sahen wir inmitten des Wäldchens plötzlich Lampen aufleuchten, und dann überall, bis alles taghell erleuchtet war. Wir erwarteten den Wolf, nahmen die Gewehre hoch und blickten in alle Richtungen, bis wir von rechts die Entwarnung bekamen.

Der Wolf war verschwunden, und wir fuhren zurück zum Pub, wo wir Whiskey und Pints tranken und Sandwiches aßen und noch lange diskutierten. Die Gewehre verschwanden alle wieder in einem Nebenraum und wurden nicht mehr erwähnt - es war klar, daß ich auch nicht danach fragte.

Am nächsten Morgen verkündeten die Frühnachrichten, daß der Wolf kurz zuvor von einem Farmer auf seinem Feld, etwa zehn Meilen entfernt, erschossen wurde.

Gestern haben wir einen Tramper mitgenommen, einen alten Bauern, der von einem Bergnest nach Pythagorion wollte; Nadine räumte den Beiwagen und ließ ihn einsteigen. Ich glaube, sie wollte mir auf dem Einzelsattel nur so nah wie möglich sein - immerhin war es ihre Idee, ihn mitzunehmen.

Wir haben beschlossen, doch noch in die Türkei überzusetzen; nicht, daß uns Griechenland nicht genügt, doch die nahe Küste lockt uns, und meine Geschichten über die Türkei interessieren

Nadine. Das Schiff geht von Samos-Stadt, und alle Griechen warnen uns. Wenn man ihren Geschichten glaubt, so sind die Türken Menschenfresser.

Von Pythagorion ist es nur ein Katzensprung bis nach Samos-Stadt, doch dort verfahren wir uns und landen inmitten der Altstadt Vathi, die mit Autos nicht zu befahren ist. Es geht hinauf und hinunter in den schmalen Gassen, die zu eng sind, um hier zu wenden, und irgendwann stehen wir vor einer Treppe, die wir mit unserem Gespann beim besten Willen nicht mehr meistern können. Einen Rückwärtsgang haben wir nicht, also lassen wir uns langsam rückwärtsrollen, bis wir endlich inmitten eines Kafenions auf der Gasse, mit lautem Hallo und der tatkräftigen Unterstützung aller versammelten Griechen, das Gespann wenden können und dann wieder bergabwärts gen Hafen rollen.

Am Hafen gibt es ein weiteres Problem; die türkische Reederei sagt uns, daß es zwar eine Fähre nach Kusadasi gibt, aber Fahrzeuge ließen sich darauf nicht transportieren. Davon hatte uns das griechische Reisebüro natürlich nichts gesagt, als wir die Passage buchten. Sie hatten uns nur kategorisch erklärt, daß sie uns nicht empfehlen würden, in die Türkei zu reisen, 'noch dazu als Frau' - ein scharfer, väterlich gemeinter Blick hinüber zu Nadine - und überhaupt wäre die Überfahrt viel zu teuer. Wir schluckten zweimal, als wir den Preis hörten und erfuhren dann, daß es sich um, wie es hieß, 'politische Preise' handelte. Wir bezahlten trotzdem und müssen jetzt mit dem türkischen Beauftragten des Reeders verhandeln, der nach einiger Zeit einräumt, daß man zwar schon Motorräder übergesetzt hätte, aber noch keine Gespanne.

Nadine meint, der Grund für sein Entgegenkommen läge einzig und allein in der Tatsache, daß er in den siebziger Jahren einmal in Deutschland gearbeitet hätte - daher überhaupt die Verständigung - und uns nicht stranden lassen wolle. Bevor er seine Einwilligung gibt, uns mitzunehmen, verlangt er von mir, mindestens zehn Meter mit dem Gespann geradeaus mit hochgezogenem Beiwagen zu fahren. Ich verstehe die Prozedur zwar nicht, tue ihm aber den Gefallen. Dann drückt er uns wortlos einen Stempel auf das Ticket und bedeutet uns mit einer vagen Geste, uns in Richtung Hafen zu begeben.

Als wir im Hafen ankommen, wird mir klar, warum er die zweirädrige Einlage von mir verlangte: Zwischen dem Pier und der 'Sultan I' liegt lediglich ein zwei Meter langes Brett von dreißig Zentimeter Breite, über das ich das Gespann zu balancieren habe... Als wir endlich in See stechen, genehmige ich mir erst einmal einen doppelten Raki...

Die Distanz erscheint unglaublich, ich weiß, daß ich im Ötztal eine runde Zahl auf dem Tachometer hatte, weiß, daß ich einen Tag später bei meinen Freunden in Südtirol ankam, und ich kann die Kilometer am wandern meiner Hand auf der Europakarte ablesen: in Innsbruck brauche ich eine neue Karte, dann wieder in Ancona bzw. Patras, dann eine gestrichelte Linie hinüber nach Norden - eine weitere Fähre - und die Straße nach Delphi, die Bergdörfer voller Armut und Kälte. Athen, und dann ein Kreuz auf der Straße nach Piräus - dort stand sie und trampte, und ich kuppelte aus und hielt an, fragte sie auf Englisch, "Where are you going?" und sie sagte "The harbour" mit deutlichem deutschen Akzent. Mein erster Gedanke war natürlich, 'wieso hat noch keiner vor mir gehalten, wieso bin ich derjenige..?' Bis heute weiß ich es nicht, und werde es wohl niemals wissen. Wahrscheinlich ist es auch nicht wichtig.

Wir fuhren einfach. Die Straße hinunter und in den Bauch des Schiffes, hinaus auf die Inseln und schließlich in die Türkei, wiewohl ich eigentlich nicht wollte.

Meine Schmerzen begannen jenseits von Ankara, ich meine, ich wußte ja, worauf ich mich einließ, aber ich hatte insgeheim gehofft, die Wochen voller Zärtlichkeit und Lebensfreude hätten die Diagnose als Chimäre entlarvt. Es begann immer mit einem Stechen und ging dann über in ein dumpfes Gefühl im Magen, ganz unten, betäubbar zwar, aber nicht zu ignorieren. Es kam, und dann ging es wieder weg, für einige Tage. Der Schmerz war nicht heftig, zumindest nicht für lang, aber man weiß, daß etwas nicht in Ordnung ist, wenn man seine Organe spürt...

Wir hatten schon viel gesehen, waren natürlich in Ephesus gewesen, der antiken Großstadt und waren im ersten Morgenlicht die alte Händlerstraße hinuntergegangen. Nadine war beeindruckt von den sanitären Anlagen, den zweitausend Jahren alten öffentlichen Toilettenhäusern und dem flutbaren Amphitheater. Sie photografierte mich vor dem Standbild der Nike (warum ausgerechnet die Göttin des Triumpfs?) und sie photografierte mich auf den Stufen der Bibliothek, im Tempel, wie ich eine tote Schlange hochhalte und im Gespräch mit einem amerikanischen Touristen, der alles nur "Amazing, it's so amazing, and so old, imagine" fand.

Ich sehe sie noch im weiten Rund des großen Theaters, das einst 24.000 Menschen faßte. Ich sehe sie dort auf einem der menschenleeren Ränge sitzen und auf die halbrunde Bühne blicken, eine Gestalt in dunkler Hose und sandfarbenem Hemd, die offenen Haare wehen im Morgenwind. Sie sitzt da, die Ellenbogen auf die Knie gelegt und läßt das alles auf sich wirken. Nachher sagt sie, sie saugt die Stimmung in sich auf, sie speichert die Geräusche, die Wärme dieses Morgens und die Aussicht. Aus der Ferne sieht sie zerbrechlich aus, fragil zwischen all den großen Steinklötzen, und verwundbar.

Wir waren in Fethiye gewesen und hatten die Segelschiffe in all ihrer teakhölzernen Pracht bewundert, und dann ein Zimmer für die Nacht gefunden. Es lag hoch über dem Hafen, es muß einmal eine Dachterrasse gewesen sein, die dann überbaut wurde - zumindest hatten wir einen phantastischen Blick über die gesamte Bucht und über die Bergkette des Taurusgebirges. Am Abend gingen wir an den Bootsanlegern spazieren und dann in das Zentrum der kleinen Stadt. Auf dem Marktplatz stießen wir auf eine Hochzeitsgesellschaft. Wir hielten uns abseits und genossen die tanzenden Männer und gaben Hunderttausende türkischer Lire für das Brautpaar, das irgendwo inmitten dieses Trubels sein mußte.

Einige Straßen weiter fand Nadine ein Schuhgeschäft, in dem nur traditionell anatolische Schuhe verkauft wurden. Sie sahen seltsam aus, mit nach oben gebogenen Zehen, hatten beinahe arabisch anmutende Ornamente, und sie rochen recht seltsam.

Der Verkäufer sagte uns, sie seien aus Kamelleder. Nadine probierte einige Schuhe an, doch keine wollte so recht passen, doch als sie bereits aufgeben wollte, kam der Verkäufer mit einem Eimer Wasser, tauchte ein Paar Schuhe, daß zwar in der Breite, nicht aber in der Länge gepaßt hatte, ein und bat mich, die Schuhe am Ende festzuhalten. Dann zog er sie einfach in die Länge, sie wurden ein klein wenig länger und paßten, und glücklich zogen wir in Richtung des Hafens.

Dort setzten wir uns in ein kleines Teehaus direkt am Wasser und bestellten Cay. Ein kleiner Junge brachte uns einen riesigen silbernen Samowar, aus dessen Mitte ein Rohr hervorragte, das mit brennender Holzkohle gefüllt war. Dadurch blieb das Wasser im Samowar für lange Zeit heiß. Wir blickten über die Bucht und genossen einen heißen Tee nach dem anderen. Als wir uns entschlossen, ins Bett zu gehen, waren wir noch von Familien mit ihren Kindern umgeben, die in der milden Sommernacht spielten. Später, in unserem Bett hoch über der Stadt und der Bucht, konnten wir noch immer türkische Musik und den gedämpften Klang vieler Stimmen hören.

Als ich aufwachte, war es schon hell, Nadine schlief noch und ihr Gesicht leuchtete in der Morgensonne. Sie schlief noch zu tief, um auch nur die Sonne zu bemerken, und ich genoß es, sie einfach nur anzusehen. Sie war so unbeschreiblich schön, ihr rabenschwarzes Haar umrahmte das gebräunte Gesicht und ihre langen Wimpern krönten ihre sanft gerundeten Wangen. Trotz der Ruhe des Moments schien ihr Gesicht Bewegung auszudrücken - das war mir schon häufiger aufgefallen in den letzten Tagen; sie schien fast wie auf der Durchreise zu sein, so als suche sie etwas, ihre eigene Spur oder ihren eigenen Weg und als wüßte sie nicht, wie sie dorthin gelangen sollte, wohin ihr Weg sie führen würde. Ich wußte auch nicht, welche Rolle ich in ihrer Suche spielen würde, aber eigentlich war mir das auch ziemlich egal, zumindest im Moment. Ich genoß einfach jede Minute mit ihr und umschlang die Gegenwart - für mich, der alles plante und organisierte, war das eine neue Erfahrung. Mit Nadine bekam *carpe diem* eine ganz neue Bedeutung, wurde zusammen mit dem nächtlichen Gegenstück, dem *carpe noctem*, zum Programm. Mir war es egal, wohin die nächsten Wochen uns bringen würden - solange sie dabei war konnte es keinen Irrtum geben. Sie war so neugierig, so am Leben interessiert und erzählte mir oft von all ihren neuen Entdeckungen. Mit ihr gab es eine mir bisher unbekannte Intensität in unserem Dasein. Zum Beispiel der Tag, an dem wir Richtung Mugla fuhren, und sie mich plötzlich anwies, das Motorrad anzuhalten. Dann sprang sie aus dem Seitenwagen und kniete neben einer Schildkröte nieder, die am Straßenrand lag. Nadine verbrachte eine ganze Weile damit, das archaisch anmutende Tier anzusehen und seine Bewegungen zu studieren. Den ganzen Nachmittag redete sie noch von der Schildkröte und von ihren seltsamen Augen, in die sie geblickt hatte. Als die Schildkröte sich schließlich aufmachte, die Straße zu überqueren, hob sie sie auf und setzte sie auf der gegenüberliegenden Seite wieder ab.

Und jetzt lag sie hier in ihrem Bett, zusammengerollt und mit der Morgensonne im Gesicht und ich saß daneben und versuchte, mein Gefühl der Liebe in ein paar dürre Worte zu verwandeln, während unten am Pier die Fischer ihren nächtlichen Fang von ihren Booten auf ein paar altersschwache Lastwagen luden. Die Stimmen der Fischer weckten sie schließlich auf und sie blickte verschlafen und scheu in das Sonnenlicht: 'Gunaydin, Nadine', sagte ich, 'gut geschlafen?'

'Morgen' lächelte sie zurück und fragte 'glaubst du, daß wir hier oben einen Cay bekommen?'

An diesem Morgen besuchten wir Kaya.

Kaya ist eine griechische Siedlung ein paar Kilometer von Fethiye entfernt. In den frühen 20er Jahren wohnten dort bis zu 20.000 Griechen, hauptsächlich Fischer und Händler, aber dann vertrieb Atatürks Politik die Griechen aus Kleinasien zurück nach Griechenland. Alle traditionellen Verbindungen zwischen Türken und Griechen wurden gekappt und die Stadt Kaya, wie hunderte andere an der türkischen Küste, wurde Plünderern überlassen.

Heute ist Kaya eine Geisterstadt, und nur eine einzige türkische Familie lebt noch in der Stadt - zumindest im Sommer. Sie weiden ihre Ziegen und Esel inmitten der alten Häuser und versuchen, den wenigen Touristen, die sich auf den beschwerlichen Weg nach Kaya machen, irgendwelche gefälschten Antiquitäten anzudrehen. Wir waren ganz froh, ein paar Leute in Kaya zu finden, denn die Straße war staubig und heiß gewesen, und wir hatten einen Mordsdurst als wir in Kaya ankamen.

In Kaya umherzugehen ist ein seltsames Erlebnis. Auch in Irland gibt Geisterstädte, die meisten aus der Zeit der großen Hungersnot vor 150 Jahren, die langsam vor sich hin verfallen. Aber türkische Geisterstädte so wie Kaya sind anders: Das heiße Klima hat die Stadt erhalten, so daß man meint, sie sei nicht vor 70, sondern erst vor zehn Jahren verlassen worden. Allerdings haben die Türken so ziemlich alles entfernt, was sie gebrauchen konnten, sogar die Fliesen schlugen sie aus den Badezimmern, und sie rissen die Kupferleitungen aus den Wänden. Trotz der Plünderungen ist vieles noch intakt, zum Beispiel die griechisch-orthodoxe Kirche. Sie wurde fast nicht berührt, nur die Gesichter der Heiligenbilder wurden übermalt. Ansonsten sieht die Kirche aus, als sei in ihr vor einigen Wochen der letzte Gottesdienst gefeiert worden.

Nadine und ich wanderten durch die leeren Räume der Bürgerhäuser und versuchten uns vorzustellen, wie die Menschen hier gelebt hatten, wie viele Mitglieder jede Familie hatte und wie die ganze Stadt ausgesehen haben muß, als in ihr noch 20.000 Menschen lebten. Im Schatten vor dem Haus der türkischen Familie ruhten wir uns aus. Sie hatten viele Metallgegenstände und einigen Trödel zum Verkauf ausgebreitet und versuchten, uns etwas anzudrehen. Schliesslich kauften wir ihnen einen Samowar ab, angeblich eine Antiquität, wahrscheinlich aber nur künstlich gealtert, und wir tranken Unmengen Ayran - dieses unvergleichlich erfrischende Getränk aus Joghurt, Wasser, Salz und Kräutern.

Wir sprachen über den Unterschied zwischen den serbischen Versuchen der ethnischen Säuberungen und der türkischen Politik der Auslöschung der griechischen Minderheit in der Türkei. Nadine konnte überhaupt keinen Unterschied erkennen und fand beide Vorgehensweisen gleichermaßen abscheulich, und moralisch gesehen hat sie natürlich vollkommen recht. Doch ich versuche zu argumentieren und verweise auf die grundlegenden Unterschiede zwischen staatlich sanktionierter und bürgerkriegsbedingter Vernichtung.

Manchmal denke ich, daß in mir der Historiker über den normalen Menschen mit seinen natürlichen Reaktionen Überhand gewinnt und Ekel und Entrüsten hinter dem Wissen um historische Zusammenhänge versteckt...

Wir folgten der Küstenstraße mit all ihren Hotelburgen, jenen Ruinen des Pauschaltourismus, bis hinter Antalya. Manchmal war es uns nicht klar, ob diese halbfertigen Betonskelette noch im Bau waren oder von Bankrott gegangenen Investoren bereits aufgegeben worden waren. Kilometerweit gab es nur diese Kartenhäuser aus Beton und dahinter ließen sich schemenhaft die Berge ausmachen. Gelegentlich mal ein Dorf, in dessen Grauzone die Hotelburgen komplettiert erschienen. Dann wieder Meer auf der rechten und Bauskelette auf der linken Seite der Straße.

Es wurde uns zuviel, wir mußten wieder etwas Authentisches sehen, deshalb bogen wir hinter Antalya nach links in die Taurusberge ab. In einem Ort namens Aspendos gibt es ein römisches Amphitheater, das noch so gut erhalten ist, daß man meint, die Römer seien erst vor zwei Wochen abgezogen. Das Eindrucksvollste aber ist die Akustik dieses Ortes: Jedes im Orchestergraben gesprochene Wort ist noch im letzten der Ränge klar zu verstehen. Das Theater ist das einzige noch in Aspendos erhaltene Gebäude, was die Ankunft in diesem Ort, der kein Ort mehr ist, sehr eindrucksvoll macht: Man kommt die kleine gewundene Bergstraße von der Küste herauf und sieht sich plötzlich der riesigen Silhouette des Theaters gegenüber, das hoch über den kleinen Pinienwald hinausragt. In seiner Einsamkeit sieht das Theater aus wie eine verlassene Filmkulisse.

Wir ließen das Gespann vor dem Eingang stehen und stiegen die steilen Treppen hinauf bis in die höchsten Ränge, von wo aus wir über den Rand des Theaters bis hin zur Küste blicken konnten.

"Glaubst du, daß es hier Gladiatorenkämpfe gab?", fragte sie.

"Ich glaube nicht, soweit ich weiß, gab es Gladiatorenkämpfe nur in den größeren Theatern wie Ephesus und Konstantinopel. Aber die Unterhaltung wird hier auch spannend gewesen sein, denn man konnte die ganze Bühne fluten und dann Wasserschlachten auf dem kleinen See stattfinden lassen..."

Ich lehnte mich an eine der Steinsäulen an und schloß die Augen. Die warme Nachmittagssonne umspielte meine Arme und Beine und ich fühlte wie mein Körper jeden Sonnenstrahl aufsaugte und für die kommenden dunklen Monate speicherte. Ich muß für eine kurze Zeit eingeschlafen sein, denn als ich die Augen wieder öffnete, saß Nadine nicht mehr neben mir, sondern sprach mit einigen Leuten tief unten auf der Bühne des Theaters.

Als die Sonne unterging, beschlossen wir, einfach hinter dem Theater zu übernachten. Zwischen den alten Bäumen konnte man hervorragend die Hängematte aufhängen, und ich fuhr noch schnell ins nächste Dorf, um etwas zu essen und Wasser zu holen. Ich kaufte Brot, Eselswurst und Käse, Efes Bier und ein wenig Holzkohle für den Samowar. Jetzt war ich froh, daß wir den Samowar gekauft hatten, denn es gab einfach abends nichts Besseres - stundenlang heißen Tee, den man in seiner Stärke für jedes Glas variieren konnte, indem man einfach mehr oder weniger Teesud mit dem heißen Wasser mischte.

Die Nacht im Schatten des Theaters war wunderbar, wir schaukelten unter Millionen Sternen in unserer Hängematte, während der kleine Pinienwald die Wärme des Tages langsam abgab und die Steine des Theaters die Tageshitze abstrahlten. Und nirgendwo ein Mensch, der diese Ruhe störte.

"Ich gebe dir einen langen Kuß für eine gute Geschichte", sagte sie mit verführerischem Lächeln.

"Nur wenn du mich für eine sehr gute Geschichte doppelt so lange küßt." Da sie nickte, mußte ich mir eine Geschichte einfallen lassen...

"Die kleine Straße, die wir von der Küste heraufkamen, geht hier hinter dem Theater weiter und steigt nicht weit von hier steil an, denn sie führt geradewegs in die Berge. Irgendwann kommst du dann in ein kleines Dorf mit dem Namen Zerg. In der Antike hieß es Selge. Vor einigen Jahren waren Lothar und ich, dem Tipp eines türkischen Bekannten in Deutschland folgend, der Straße von hier gefolgt. Die ersten paar Kilometer waren schön, eine gewundene Asphaltstraße, die sich immer höher hinaufschraubte. Dann verschwand der Asphalt und es gab nur noch Schotter, schließlich wurde der Schotter immer feiner und das Fahren immer schwieriger. Die Maschinen tanzten und pendelten um ihre Längsachsen. Schließlich hörte der Schotter ganz auf und wir folgten einer Art Eselspfad. Ziemlich weit oben, hoch über dem Fluß, kamen wir an einer Bergkante wieder aus dem Ginstergestrüpp hinaus, und der Weg führte geradewegs in eine Klamm hinein. Ein Umkehren war da nicht mehr möglich, denn der Pfad war viel zu schmal, um die Maschinen zu wenden. Links stieg der Fels senkrecht in die Höhe, und rechts ging es Dutzende von Metern senkrecht bergab bis zum Grund der Klamm, durch die ein Bergbach hinabschoß. Lothar fuhr einige Meter vor mir her, der Klang seines alten Boxermotorrades wurde um ein Vielfaches durch die Enge der Klamm verstärkt. Es klang sehr eindrucksvoll, das Rauschen des Bergbaches mischte sich mit den Geräuschen der Motoren zu einem fast beängstigenden Konzert.

Plötzlich bremste er hart und blieb stehen - ich traute meinen Augen kaum: der Pfad machte einen scharfen Rechtsknick und führte über eine abenteuerliche Steinbrücke auf die andere Seite der Klamm, dort wieder nach links und dann hinauf zur Bergkante. Wir waren eigentlich beide keine ängstlichen Naturen, aber hier pochte uns das Herz doch bis zum Hals. Wir stellten die Maschinen ab und nahmen die Brücke erst einmal zu Fuß; sie war etwa 80 Zentimeter breit und etwa sieben bis acht Meter lang. Auf jeder Seite hatten wir zwei Meter Auslauf. Der Bach rauschte etwa zwanzig Meter unter uns.

Da wir auf so etwas nun gar nicht vorbereitet gewesen waren, und Lothars türkischer Bekannter diese Stelle natürlich mit keinem Wort erwähnt hatte, mußten wir uns überlegen, ob wir es wagen sollten oder nicht. Wir wagten es.

Knapp oberhalb unserer Augenhöhe verlief 40 Zentimeter jenseits des einen Brückenbogens ein Stahlseil, das in den Klammwänden verdübelt war und stabil genug schien, unser Gewicht auszuhalten. Also suchte ich aus meinem Gepäck das dicke Seil, mit dem ich das Motorrad auf Fähren vertäue. Das eine Ende schlangen wir um das Stahlseil, das andere um Lothars Brust, so daß er, falls er das Gleichgewicht verlieren und mit dem Motorrad umkippen sollte, wenigstens nicht mit der Maschine in die Tiefe stürzen würde.

So fuhren wir nacheinander über diese Brücke. Es war schon ein sehr seltsames Gefühl, jenseits der breiten Zylinder des Motorrades nur noch die Tiefe zu sehen und den Bergbach bedrohlich rauschen zu hören.

Die antike Stadt Selge, das heutige Zerk, war den Besuch sicherlich wert, nicht zuletzt wegen der Information eines Einwohners, daß es noch einen anderen Weg hinauf zum Dorf gäbe..."

Manavgat

Der Ort so unbedeutend wie viele entlang der Straße, doch die Wasserfälle sind den Besuch wert. Bei 40° im Schatten ist Wasser kein Element mehr, sondern eine Prophezeiung.

In vielen der kleinen Dörfer auf dem Lande gibt es dicke Rohre, die frisches, klares Brunnenwasser auf die Straße spritzen; oft ähneln sie überdimensionalen Duschen, und es ist sehr angenehm, einfach darunter herzugehen oder zu fahren, sich komplett durchnässen zu lassen und dann im heißen Fahrtwind wieder zu trocknen.

Nadine konnte es kaum erwarten, ins kalte Wasser zu springen. Wir schwammen bis unter den Wasserfall und durch ihn hindurch, dahinter befindet sich ein kleiner Sims, den wir erkletterten, durch das Rauschen der Wasserkaskaden vom Rest der Welt abgeschnitten. Im Getöse des Wassers schrien wir uns an, um uns verständlich zu machen.

"Ich will dich jetzt küssen", schrie sie, und ich brüllte zurück: "Was sagst du, ich verstehe kein Wort." In dieser Wasserhöhle hinter dem nassen Vorhang küßte sie mich; ihre Haut war kühl und sie fröstelte, das Wasser lief ihr den Arm hinunter und auf ihre Beine und sammelte sich in Pfützen zu ihren Füßen. Die feuchte Luft ließ die Haut an den Fingern schrumpeln und unseren

Atem sichtbar werden. Wir waren lebendig, kraftvoll am Leben und atmeten das Leben; ihre Haare waren wir ein Vorhang über mir, schwarz vor der lichten Helle des Wassers.

Dann schwammen wir zurück und blieben so lange im kalten Wasser, bis wir völlig ausgekühlt waren. Danach tranken wir Kaffee in dem kleinen Café an den Wasserfällen und wußten, daß es kaum noch besser mit uns beiden kommen konnte.

Ja, ich war glücklich in diesen Tagen. Warum konnte es nicht immer so sein? Warum konnte ich nicht weiterhin jeden Tag als eine neue Option auf das Leben begreifen? Warum konnten diese Momente nicht endlos sein, warum nicht?

Wir hatten Göreme besucht und die Nebentäler, in denen es kaum Tourismus gab und hatten im Hotel 'Jardin de 1.000 et une nuit' übernachtet, den Ausblick von der nächtlichen Terasse auf die bizarren Tuffkegel genossen, das Licht der Gaslaternen darin gesehen, in denen die Ziegenhirten übernachteten und den Sonnenuntergang bewundert, der mit einer orangenen Glühbirne wetteiferte. Das Plätzchen war unglaublich, so sagte auch sie; das Hotel aus dem Stein herausgehauen, unser Bett auf zehn Lagen Teppichen und Decken, darunter Tuffstein, das Frühstück mit Café au lait - hatte der Wirt doch jahrelang in Paris gearbeitet - und frischen brioches.

Wir wußten beide nicht, ob die Landschaft im nächtlichen Mondlicht, oder nun, im Licht der ersten Sonne, bizarrer und faszinierender wirkte. Bei Nacht hatte sie etwas sehr friedliches, die Lichter in einigen der Tuffkegeln, in denen Schafhirten übernachten mochten, wirkte vertraut, städtisch, nur daß es keine Straßenlaternen gab. Im Morgenlicht alles viel bizarrer, unwirklicher. Die Illusion städtischer Wohnungen war verflogen, die Fensterhöhlen waren leer und ohne Fenster, nirgendwo hing Bettwäsche zum Lüften in den nicht vorhandenen Fensterrahmen. Sie konnte noch nicht einmal sagen, in welchen der Löcher wir in der Nacht das Licht gesehen hatten.

Es war nicht einfach, die sie umgebenden Hügel aus Abraummaterial zu ersteigen, um durch eines der Löcher ins Innere zu gelangen. Wie ein Schweizer Käse, fand sie, durchlöchert und offen und dennoch voller Substanz. Wir stellten uns die Generationen vor, die diese unglaubliche Arbeit auf sich genommen hatten. Sie hatten in der Tat Wohnhäuser, ja Hochhäuser geschaffen, in denen ganze Familien lebten. Wahrscheinlich waren in jeder Generation ein bis drei Brüder jeder Familie abgeordnet zum Häuserbau, zum Meißeln und Hämmern, zum Schaben und Graben. Gelegentlich ging dann auch mal das Temperament mit ihnen durch, und aus dem vergrößerten Wohnzimmer wurde ein Balkon, weil die Außenwand einstürzte. Dann hieß es für die Familie, eine Etage weiterzuziehen. Warum das alles, fragte sie. Wohl zum gleichen Zweck wie auch die unterirdischen Städte bei Nevshehir errichtet wurden, oder richtiger, ausgegraben wurden: die Christen in Ostrom schützten sich vor den Übergriffen der Ungläubigen, wie sie sie nannten, der Parther, die die Ostgrenze des Reiches bedrohten; gleichermaßen aber wohl auch vor Verfolgungen innerhalb des römischen Reiches.

In ihren unterirdischen Städten, vor Jahren besucht, verläuft man sich sehr schnell, selbst mit dem Kompaß gibt es keine rechte Orientierung, man ist dankbar für das sparsame Licht einiger Glühbirnen und die an die Wände gesprühten Pfeile. Man folgt den Pfeilen nur allzu willig und biegt nicht ab, um den einen oder anderen dunklen Gang auf eigene Faust zu untersuchen. Was man in Göreme über der Erdoberfläche realisiert hat, findet sich hier unter Tage; wohnen in Hochhäusern, in Wohnungen über, hier untereinander. Die steinernen Treppen führen immer tiefer hinab in die Erde, dennoch wird die Luft nicht stickig, überall geht ein leichter Wind, ein Zug, der das Wissen um die Mittagshitze in der Tiefe bestätigt.

In den unterirdischen Städten von Nevsehir gibt es mehr als nur die erwarteten Schlupfhöhlen, kilometerlange Vorratshallen,

120

Säle, die in nachträglicher Deutung natürlich, Kirchen zu sein haben, und es gibt Räume, die Löcher in den Decken haben, in die die Luft abzieht - man denkt an Kamine und sucht nach verrußtem Sandstein. Ein Gang durch die Gewölbe und Gänge, Schächte und Schlafzimmer der ersten Christen dauert zwei Stunden, er beginnt im Schrank eines Privathauses, über eine Treppe direkt hinab in die Tiefe. Am Ende empfindet man die Hitze draußen wie eine Erfrischung.

Göreme ist mir lieber; man staunt nicht minder, aber alles ist freier und offener; es gibt noch einen Himmel, den Wechsel von Tag zur Nacht, Gerüche und eine Romantik durch die Vorstellung der Belagerung und des Abzugs der Belagerer und ein humanes Leben zwischen den Hochhäusern. Unterirdisch gibt es keine Romantik, die Vorstellung, daß Mutter Erde Schutz gewährt, ist nach wenigen Minuten verflogen; was bleibt, ist die Vorstellung des Troglodytendaseins, des wochenlangen Verharrens in kühler Vergessenheit, verfaultem Essen und drangvoller Enge ohne Licht, rotgeränderten Augen im beißenden Fackelqualm und aufgeschürften Kinderknien an tagelosen Tagen.

Sie hatte recht, es war an der Zeit weiterzufahren.

Auch am 'Jardin de 1.000 et une nuits' das allmorgendliche Ritual, das Aufpacken der Schlafsäcke, das Stopfen und Drücken, bis alle kleineren und größeren Gepäckstücke endlich so im und am Beiwagen und in der großen Rolle hinter meinem Sitz verstaut sind, daß sie sich ins Boot setzen kann - der Inhalt ihres bunten Rucksacks ist schon lange keine Einheit mehr, sondern hat sich der normativen Kraft der sinnvollen Gepäckaufteilung gebeugt. Der Samowar, den wir in Kaya erstanden, stellt tagsüber durch seine Sperrigkeit immer wieder ein kleines Ärgernis dar; mittlerweile hat sein wulstiger Bauch schon Beulen, die aber, so sagt Nadine, dem Ganzen eine Art Würde verleihen. Außerdem könne später, zu Hause, eine jede Beule eine Geschichte erzählen - die Basis wehmütiger Erinnerungen am Kamin und Quelle des Fernwehs.

Zu Hause, immer mal wieder kommt dieser Begriff auf, wo soll das denn sein, dieses Zuhause. Ich bin Deutscher und lebe in Irland, ich habe dort einen Job, der der jährlichen Verlängerung bedarf, die irgendwann genauso gut auch ausbleiben kann, und dann? Wie ist das dann mit dem Zuhause?

Wir reden jetzt über Heimat.

Sie sagt, man ist dort zu Hause, wo die Freunde sind, das soziale Geflecht - studiert sie etwa auch Psychologie?

"Nein, natürlich nicht, aber fühlt man sich nicht dort heimisch, wo einen Freunde erwarten, wo man schnell mal anruft und ist verabredet, wo das kulturelle Umfeld so gleich ist, daß man sich nicht ständig zu erklären braucht? Wo man bei Abwesenheit vermißt wird? Wo man sich auskennt und wo die kulturellen Wurzeln sind?" Schon wieder diese Kultur. "Gerade du als Historiker..."

"Zu Hause bin ich da, wo meine Zahnbürste in ihrem Becher steht.

Das mit den Freunden ist so eine Sache, das habe ich auch immer geglaubt, bis zu dem Tag, an dem ich merkte, daß alle meine Freunde unsere Stadt verlassen hatten, um anderswo zu studieren und zu arbeiten. Das war nach der Schule gewesen.

Ich war allein geblieben mit meinem Verlangen nach dem sozialen Netz, nach der Bewahrung der Beziehungen, die mir soviel bedeutet hatten. Die Stadt wurde mir fremd, die Cafes, in denen wir uns getroffen hatten, das Freibad im Sommer, der Stadtpark und unsere Kneipe. Ab und zu traf ich noch mal den einen oder die andere, und ich hörte Geschichten über die Schönheit von München, das interessante Umfeld in Köln und das überhaupt unschlagbar freie Leben in einer Wohngemeinschaft. Und Freunde, sagten sie, findet man überall.

Irgendwann bin ich dann auch gegangen, habe meine Stadt verlassen und nicht wieder zu ihr gefunden. Wenn ich jetzt, nach den ganzen Jahren, mal wieder durch sie hindurchfahre, die Eltern besuche oder einen alten Bekannten, erscheint mir 'meine Heimatstadt' fremd, beim Gang durch die Innenstadt kenne ich kaum mehr ein Gesicht, in unserer alten Kneipe hängen Jugendliche herum, die einer ganz anderen Generation angehören, mit denen ich nichts mehr gemein habe, und die ganzen Stadtsanierungen machen das Wiedererkennen auch nicht leichter.

Nein, also Heimat und Zuhause ist etwas, das man mit sich herumträgt. Man kann im Prinzip überall zu Hause sein, jedenfalls, solange man jung ist, in seinen Ideen lebt, neugierig ist und lebenslustig. Wahrscheinlich hat man dann sowieso nicht so ein Bedürfnis nach Heimat, Zuhause und Wurzeln. Solche Konzepte sind eher etwas für Ältere, noch immer fühle ich mich angebunden und festgelegt von Fragen nach Heimat und Zugehörigkeit."

Man baut sich seine Heimat auch irgendwie selbst.

Natürlich denke ich 400 km östlich von Ankara bei der Frage nach dem Zuhause sofort an das Haus, das ich wieder aufgebaut habe, an mein Zimmer mit den Büchern - überhaupt Bücher - an meine Werkzeuge im Schuppen, mit denen ich alles auseinandernehme und wieder zusammenbaue; ich denke an die Mitbringsel von unzähligen Reisen, an irischen Sommerregen, das Baden am menschenleeren Strand und an dunkle Pints in verrauchten Kneipen. Auch dort kennen sie mich, legen ihre Finger an die Mütze, wenn ich vorbeifahre und sind immer zu einem Schwätzchen aufgelegt. Sie füttern meine Katze und gehen schon mal durch mein Haus, um zu sehen, ob das Dach dem letzten Sturm widerstanden hat und ob kein Wasserrohr tropft. Aber das macht man überall in ländlichen Gegenden, auch in Deutschland, das hat nicht viel mit Heimat und Zugehörigkeit zu tun.

"Weißt du, ich könnte hierbleiben, oder vielleicht irgendwo an der Küste, oder Istanbul. Dort könnte ich mir einen Job suchen und einfach so weitermachen; irgendwann gibt es dann eine kleine Routine im Leben, eine kleines Stammrestaurant, eine kleine Kneipe, in die du besonders gerne gehst, und einen Laden, in dem du dein Gemüse zu kaufen pflegst. Du lernst deine Arbeitskollegen kennen, und deren Frauen und Kinder, findest selbst neue Menschen, mit denen du ganz gern mal essen gehst oder einen Wein trinkst. Du veröffentlichst einen Artikel in der Zeitung, und ein paar Leute erkennen dich wieder auf der Straße. Der Becher für deine Zahnbürste steht in einem grünen Badezimmer, anderswo wäre es rötlich, meist ist es weiß, in meinem Haus in Irland ist es weiß. Wie ist das dann mit der Heimatidee?

Ich gehöre dahin, wo ich gerne bin, und im Moment bin ich nirgendwo lieber als hier auf diesem Marktplatz eines Dorfes, das vielleicht noch nicht einmal auf der Karte verzeichnet ist, und tue nichts lieber als mit dir einen Ayran zu trinken. Ich bin hier nicht zu Hause, aber meine Idee von Heimat trage ich mit mir herum, denn meine Heimat bin ich mir selber."

"Du bist ein verrückter Romantiker," sagte sie mit einem milden Lächeln, "verrückt und wahrscheinlich deshalb so kraftvoll. Du argumentierst aus einer Position der Stärke; Dir hat das Leben anscheinend noch nicht wehgetan, und wenn, dann wahrscheinlich noch nicht genug, um dich umzuwerfen. Als meine Eltern sich scheiden ließen, war ich acht. Acht und klein und beschützt und gutgläubig, mit treuem Augenaufschlag, und böse war für mich nur der Nachbarsjunge, der mir gelegentlich das Fahrrad wegnahm.

Als meine Eltern sich scheiden ließen, hatte ich mich schon längst an das gelegentliche Streiten gewöhnt, an das Weinen und das Schlagen der Haustüre. Natürlich litt ich auch darunter, wenn Mama abends verweint an mein Bett kam und mich zudeckte, mir einen Gutenachtkuß gab, aber das war nichts gegen das Gefühl der Ohnmacht, das dich überkommt, wenn dein Vater eines Tages weggeht und nicht wiederkehrt. Dein Vater, den du liebst, der Drachen mit dir baut und Fußball mit dir spielt, der dir eine alte

Kamera gibt und dich beim Autofahren auf seinem Schoß sitzen läßt.

Und wenn du dann verzweifelst, und erst die Menschen deiner Umgebung dich wieder aufbauen, dir helfen und dir zuhören, dich trösten und weiterhin deine Freunde sind, spürst du, was es heißt, irgendwo hinzugehören.

Jeder spreizt irgendwann die Flügel, aber eine Umwelt ist nicht beliebig - man verdankt Menschen etwas, man trägt ein Gefühl für sie mit sich herum, ein gutes oder ein schlechtes, aber es gibt Anknüpfungspunkte, von denen du als intellektueller Mr. Universum, weltgewandt und zynisch, wahrscheinlich nicht viel merkst."

Sie war richtig verärgert gewesen an diesem Nachmittag in diesem verschlafenen türkischen Nest, wo das Motorradgespann auch nach einer Stunde noch männliche Stauner anlockte. Frauen sahen wir wie immer so gut wie keine, wir ahnten sie hinter raschelnden Gardinen, und die Männer sprachen auch nur mit mir.

Ich hatte Nadines Gefühle getroffen, ihr wehgetan mit meiner Überheblichkeit und meinem Zynismus. Und dennoch sah ich die Dinge wirklich so, wie ich sie ihr beschrieben hatte. Natürlich hatte auch sie recht, und ich war froh um ihre Stärke und die Vehemenz, mit der sie mich wieder auf meinem Platz verwies. Sie war mir nie lange böse, wahrscheinlich, weil sie spürte, daß ich ihr gar nicht wehtun wollte, daß nur meine Unbedachtheit immer mal wieder mit mir durchging.

Ich liebte an ihr die Gradlinigkeit und das Bemühen, mir nicht einfach so nachzugeben, und keinesfalls irgendetwas hinzunehmen, bloß weil es gut klang und das Mehrgewicht eines ganzen Jahrzehnts besaß.

Das Reisen mit Nadine war schön, es war ruhig und tief und keinesfalls langweilig. Es war einfach, denn es konnte keine Probleme geben - schließlich hatten wir beide ja Urlaub. Die Türkei zusammen mit einer Frau zu bereisen war nicht einfach, denn abseits der Touristenzentren ist eine Frau in der Türkei einfach keine Person; meistenteils wird sie wird ignoriert, seltener beachtet und dann meist belästigt.

In Konya, der islamischsten aller Städte der Türkei, war dies besonders auffällig gewesen; der abendliche Besuch des Marktes war ein Spießrutenlaufen für Nadine, und meine Anwesenheit machte keinen Unterschied. Nachdem die Sonne untergegangen war, wimmelte die Stadt von Menschen, allerdings nur von Männern. In Zweier- und Dreiergruppen liefen sie Hände haltend durch die Straßen und gingen - man kann es nicht anders sagen - äußerst zärtlich und sehr auf körperliche Berührung bedacht, miteinander um. An den Marktständen war Nadine eine Unperson;

die Verkäufer würdigten sie nicht einmal eines Blickes, waren jedoch umso freundlicher zu mir.

Dieses Verhalten war eher die Regel als die Ausnahme; sogar in der Teestube gegenüber unserem Hotel wurde nur ich bedient und bestellte schließlich die doppelte Menge Tee und gab ihr die Hälfte ab. Danach verschwanden wir schnell in unserem Zimmer. Wir tranken türkischen Rotwein, saßen am Fenster und beobachteten das männliche Treiben unten in der Straße.

Unser Hotel in Konya, ich habe den Namen vergessen, war ein durchaus typisches zentralanatolisches Etablissement, alt, etwas heruntergekommen, monolingual bis hinunter zum Portier und mit der typischen Ausstattung in den Zimmern: kurze, schmale Betten mit dünnen Matratzen, kaltes Wasser in einem Krug und abgetragene Hausschlappen unter dem Bett. Das Badezimmer auf dem Flur ganz Beton, ein Waschbecken, darüber ein stumpfer Blechspiegel und ein Duschkopf, aus dem es zwar ergiebig, aber kalt geschossen kam. Im Hof ein Platz für unser Gespann neben dem Motorrad des Portiers, einem dieser allenthalben in der Türkei anzutreffenden Jawa-Nachbauten aus den fünfziger Jahren.

Die Übernachtung für zwei Mark pro Nacht, pro Person, versteht sich.

Das war Konya für uns - Konya für zwei reisende Männer ist erfreulicher, ich erinnere mich an eine frühere Reise mit Lothar, an einen abendlichen Besuch beim Barbier zum Rasieren, an die gut deutsch sprechenden Türken, den Cay, der in Strömen floß und Einladungen zum Abendessen...

Wir blieben nicht länger in Konya, der Stadt der Derwische, und fuhren über die alte Karawanserai Sultanhani gen Göreme. Nadine war eher traurig als wütend oder ungehalten, und beide bedauerten wir die Ungerechtigkeit, daß mir als Mann soviel mehr Möglichkeiten blieben, das Land kennenzulernen.

Sultanhani, Göreme, Kayseri, Teppiche und Tee und das ewige Handeln für und um alles. Jedes Stück Seife auf dem Basar wird verhandelt, jedes Hemd und selbst das Motoröl an einer Tankstelle. Nur beim Essen gibt es kein Handeln; Lebensmittel haben ausgezeichnete Preise, so auch Tee und Gewürze. Handeln ist orientalisch interessant, aber extrem ermüdend, wie überhaupt das Reisen in der Türkei.

Auf dem Motorrad ist es besonders gefährlich, gerade auf den großen Überlandstraßen, die von den Lastwagenkarawanen genutzt werden. Mit dem Gespann fährt es sich am besten so um die 100 km/h, doch das ist keine Geschwindigkeit für die Lastwagen, die alle mindestens einen, oft jedoch auch zwei riesige Hänger ziehen. Sie tauchen im Rückspiegel auf, zuerst nur zwei Scheinwerfer und eine Wolke, die kontinuierlich größer wird auf der schnurgeraden Straße. Sobald ich die Farbe des Lastwagens erkennen kann, suche ich nach einer Möglichkeit, die Straße zu verlassen, etwa über ein flaches Stück Böschung oder an einer Kreuzung; irgend etwas eben. Es hat keinen Zweck, besonders wählerisch zu sein, denn das Schicksal der ganzen Fuhre steht auf dem Spiel. Hat der Lastwagen dann die Größe meines Rückspiegels komplett ausgefüllt, verlasse ich die Straße, versuche irgendwie zu bremsen und schließe die Augen, denn nach dem mahlenden und singenden Geräusch der riesigen Reifen neben mir kommt die Staubwolke. Wenn sie etwas abebbt, geht die Fahrt weiter.

Gelegentlich machten wir Dreher und Rutscher, doch im Allgemeinen ging es immer recht glimpflich ab. Schon bei meiner letzten Türkeireise hatte ich die Notwendigkeit einer guten Hupe eingesehen; dieses Mal hatte ich zwei LKW-Hörner in Kusadasi erstanden und am Beiwagen angebracht, was mir eine gewisse Sicherheit gab. Laut sein ist Trumpf im türkischen Straßenverkehr.

Wir drehten ab gen Norden - Schwarzes Meer.

Die Landschaft wurde grüner, das Wetter feuchter, die Straßen rutschiger. "Wie Irland," sagte ich gelegentlich und meinte nicht die Menschen oder die Architektur der Häuser, sondern die Fruchtbarkeit der Landschaft, das Grüne, Dschungelartige, feucht Vermodernde, das in Irland riesige Fuchsien- und Rhododendronhecken wachsen läßt, und hier Tee.

Die Plantagen bei Rize, die kühlen Strände und das stille Meer, unser kleines Dachapartment und der nächtliche Regen.

Nadine begann sich wieder wohler zu fühlen, erwünschter; der männliche Chauvinismus schien im Süden stärker zu sein als am Schwarzen Meer. Ich ging, eine europäische Zeitung zu finden, und als ich wieder auf unser Dach zurückkehrte, hatte sie einen Tisch gedeckt, ein großes Frühstück, Joghurt, Brot. "Stell Dir vor," sagte sie, "ein Brot heißt ekmek und eine Bäckerei ist eine ekmek fabrikasi - was hältst du davon?"

Das Brot schmeckte dennoch oder gerade deshalb; es schmeckte weiß und französisch und harmonierte perfekt mit dem wilden Honig der Gegend. Nadine hatte einen deutsch sprechenden Händler gefunden, der sie sehr höflich bediente, und sie hatte nun beschlossen, der Türkei zu verzeihen...

"Wo ist jetzt Bulgarien und wo die Grenze zur Sowjetunion, oder ist es Rußland oder Georgien?" Wir schauten nach, es war eher die kaukasische Republik, die Krim und Grusinien, aber das war uns auch nicht ganz so wichtig, auf unserem Dach am Schwarzen Meer, mit unserem Strand direkt vor uns und einem kleinen Cafe in der Nähe.

Die Tage in Akcakoca wurden mir zu einem Traum von Zweisamkeit; unsere Skala war so wunderbar weit und erstaunlich endlos: es gab Nächte, in denen wir vor Verlangen nacheinander kein Auge schlossen, Nachmittage am Schachbrett und nicht enden wollende Frühstücke mit Diskussionen über William Butler Yeats Idee der Masken und Frischs Identität als internationaler Schweizer.

Wer uns sah in diesen Tagen, wird uns für schön gehalten haben - ein schönes Paar waren wir: sie groß und schlank, mit dunkler Haut und den rabenschwarzen langen Haaren und ich, ein noch immer sportlicher Zweimetermann mit braunen Locken und dem Bronzeteint des Nordeuropäers, der der südlichen Sonne über Wochen ausgesetzt ist. Ein schönes Paar, ja, auch harmonisch, dabei nicht langweilig, denn wir waren neugierig auf den anderen und die Welt, die Türkei, die Schach spielenden Männer am Hafen, die Teeplantagen und süchtig nach der Straße.

Der Altersunterschied - zehn Jahre sind eine Menge zwischen zwanzig und dreißig - war natürlich nicht von der Hand zu weisen. Er störte mich wahrscheinlich mehr als sie. Nicht, weil mir etwas fehlte - ganz und gar nicht, ich war oft betroffen von der Stringenz ihrer Argumentation, der Fülle ihres Wissens und der Lebenserfahrung -, sondern weil ich gelegentlich spürte, an welch unterschiedlichen Stadien im Leben wir standen und wie leicht es sein konnte, ja, wie wahrscheinlich es war, daß ich sie ebenso schnell und abrupt wieder verlor wie sie in mein Leben gekommen war.

Wir reisten zusammen ohne Absprache, ich bedeutete ihr etwas, sie war gern mit mir zusammen, freute sich, wenn wir nach Stunden der Trennung wieder zusammen waren, aber ich konnte mir doch genauso gut vorstellen, daß sie am Morgen aufstehen würde, sich nach einem langen Frühstück von mir verabschiedete und dann allein weiterreisen würde. Diese Möglichkeit bestand, sie war sogar sehr realistisch. Niemand band sie, sie war zu nichts verpflichtet. Wenn ich mir diesen Gedanken vergegenwärtigte, spürte ich die Distanz der Jahre, die Angst vor dem Alleinsein, die ich nun - vielleicht im Gegensatz zu der Zeit, als ich selbst zwanzig war - als Zurückweisung begriffen hätte. Gelegentlich überschattete diese Vorstellung den Genuß der Gegenwart, doch wollte ich ihr davon nicht erzählen; es hätte wohl nicht viel Sinn gemacht: prognostizierte Eifersucht, Panik vor dem Alter, und sie hätte es vielleicht sowieso nicht verstanden. Und wenn sie mich verstanden hätte, so hätte sie es doch wohl nicht nachvollziehen können, nicht nachleben können.

In diesen Tagen ging es mir gut, mein Körper folgte meinem Geist: ich schwamm stundenlang im Meer, spurtete den Strand hinauf und hinunter und war voller Energie.

Irgendwann, nach Tagen, sattelten wir wieder die BMW, verstauten den Samowar irgendwie im Beiwagen und ihren neu erstandenen Kelim - als Rolle gedreht - hintendrauf.

"Gen Stambul also", sagte ich, ohne große Lust, mich wieder diesem Moloch zu stellen, gegen dessen Innnenstadtverkehr Rom ein Verkehrsübungsplatz war. Ich erzählte Nadine von meinen Erlebnissen in Istanbul, dem betrunkenen Taxifahrer, der damals unsere vor dem Hotel abgestellten Motorräder über den Haufen gefahren hatte, unsere Fahrt zur Polizei, Lothars verzweifelte Versuche, irgend eine Art Protokoll zum Unfallhergang zu bekommen; Geld vielleicht sogar, um den Schaden - ein paar abgebrochene Blinker, meinen eingedrückten Auspuff und seinen eingerissenen Gepäckträger - zumindest halbwegs kompensiert zu sehen; ich erzählte von der Unwilligkeit der Polizisten, überhaupt irgend etwas zu unternehmen und letztendlich der Drohung des diensthabenden Offiziers - Cay schlürfend und mit den Füßen auf dem Schreibtisch -, uns aus dem Gebäude werfen zu lassen, von Lothars Ungeduld ob soviel Schlamperei und der Geste des Polizisten, die mir noch heute einen Schauer den Rücken hinunterjagt: er zog seine Pistole und legte sie vor sich auf den Schreibtisch. Dann erklärte er noch einmal langsam, daß wir uns doch bitte endlich davonmachen sollten. Das überzeugte uns dann.

Nadine war nicht zu überreden - Istanbul stand auf der Tagesordnung. Also hinein ins Vergnügen: bis Adapazari noch einmal ein Gefühl von Irland mit grünen Hügeln und etwas Regen, der Rest die blanke Hölle; der Verkehr, der löchrige Straßenbelag, die unbefestigten Seitenstreifen, auf die wir immer mal wieder flüchten mußten. Dann zurück in Europa, nominell zumindest.

Istanbul ist mit dem Gespann noch dreimal schlimmer als mit der Solomaschine - auf sechs Spuren stehen elf Fahrzeuge nebeneinander, die meisten gelbe Taxis, und alle fahren bereits, noch bevor die Ampel umspringt. Ich schimpfe und fluche, auch Nadine ist nicht mehr ganz wohl; einmal halte ich, suche das Isolierband aus dem Gepäck und klebe es um den Hupknopf - die LKW-Hupen brüllen jetzt die ganze Zeit, was alle anderen Autofahrer nervt, doch sie beachten uns nun wenigstens. Beim letzten Besuch hatte ich Angst um mein Leben auf dem Motorrad, wiewohl Lothar und ich uns gegenseitig abschirmten und uns den Rücken freihielten; dieses Mal habe ich ein drittes Rad und bin nicht mehr ganz so besorgt.

Wir finden Quartier nahe der Sultan Ahmet Moschee, nicht weit entfernt von der Hagia Sophia. Ein altes Hotel, einfache Zimmer, acht Betten pro Raum, gegenüber eine Bäckerei - keine Romantik, aber billig und mit Platz im Hof für unsere alte Mühle.

Istanbul gewaltig wie immer, überwältigend erneut der Kontrast zwischen Ost und West, Türkinnen im Minirock neben gänzlich Verschleierten, der Bazar, die wunderbare Blaue Moschee auf der einen und das christliche Pendant, die Hagia Sophia, auf der anderen Seite. Istanbul ist faszinierend, anstrengend und ermüdend, Türkei im Konzentrat und mit einer ordentlichen Portion Westen versehen.

Wir sitzen in einem kleinen Teehaus und werden von einem Sechzehn- oder Siebzehnjährigen bedient, der fließend deutsch spricht, mit einem leichten Ruhrgebietsakzent. Er erzählt uns, daß er fast sein ganzes Leben in Bochum verbracht hat, denn sein Vater hat dort in einer der Zechen gearbeitet. Als sie schloß, löste er die Abfindung ein und brachte die ganze Familie in die Türkei, zurück in das kleine Dorf in Zentralanatolien, aus dem er stammte. Außer den Eltern hatte jedoch keiner in der fünf Brüder und Schwestern jemals in der Türkei gelebt, und sie waren auf das Leben in der totalen Abgeschiedenheit Anatoliens überhaupt nicht vorbereitet. Dort gab es nichts außer dem Dorfplatz und dem großen Baum in dessen Mitte, unter dem sich die Männer des Dorfes allabendlich trafen.

"Ich bin Deutscher", erklärte er uns, "und dieses Land ist mir ebenso exotisch und fremd wie Ihnen. Bei euch in Deutschland wurde ich als Türke angesehen, und hier bin ich für alle der Deutsche. Sie schauen auf mich herab, weil ich noch nicht einmal richtig türkisch kann."

Seine Geschichte eine Tragödie.

Die Umsiedlung in die Türkei hatte in der Familie zu einer Zerreißprobe geführt - alle Kinder, bis auf eine Tochter, hatten die Eltern verlassen, gemeinsam wollte sie nach Deutschland zurückkehren, das die als ihre eigentliche Heimat ansahen. Doch sie bekamen keine Aufenthaltsgenehmigung. Zwei Brüder, die die Einreise trotzdem wagten, wurden ausgewiesen. Jetzt lebten sie das Leben von Fremden im Heimatland der Eltern und schlugen sich in Istanbul durch.

"Könnten Sie mir nicht einen Job in Deutschland besorgen und mich dann einladen?" bittet er mich. Ich weiß nicht, wie ich auf die verzweifelte Bitte reagieren soll. Ich habe keinerlei Kontakte, die ich ausnutzen kann. Um der Situation zu entkommen, willige ich schließlich ein und verspreche, mich um einen Job für ihn zu kümmern. Versprechen kann ich ihm allerdings nichts. Ich verlasse das Teehaus mit einem Gefühl der Schuld und der Nachdenklichkeit.

Ich kenne dieses Gefühl, zwischen den Welten zu leben, ja selbst sehr gut, auch wenn ich es gänzlich aus freiem Willen tue. Die Situation dieses Jungen aber ist etwas ganz anderes, die Kehrseite der vielgepriesenen Mobilität. Die internationale Arbeitsmigration auf der Suche nach Jobs führt einfach dazu, daß es in jeder Gesellschaft große Gruppen entwurzelter Arbeitsmigranten geben wird. Entwurzelung kann zu Identitätsverlust führen, zu Vereinzelung und Isolation. Je schneller der Prozeß der bedingungslosen Mobilisierung fortschreitet, desto mehr verwischen sich die Grenzen der Kulturen und der moralischen und sozialen Wertesysteme, bis schließlich das Streben nach materiellen Gütern als einzig allgemein anerkanntes geistig-philosophisches Konstrukt in unserer westlichen Welt übrigbleibt. Alte, traditionelle Werteträger wie die Familien sind überkommen, als neue bieten sich nur die Individuen in immer neuen Konstellationen an. Der Junge in Istanbul ist das beste Beispiel: Wenn er nicht seine persönliche Nische im Spannungsfeld der beiden Welten, zwischen denen er steckt, findet, so landet er auf dem Abstellplatz der modernen Gesellschaft. Soziale Netze wie in früheren Zeiten gibt es nicht mehr...

Ich nehme mir ein paar Stunden frei von Nadine. Sie sitzt vor der Sultan Ahmet Moschee und skizziert die Minarette, die große Kuppel, den Bosporus dahinter. Ich kenne das schon; sie ist jetzt lieber allein, vermißt nichts und braucht mich nicht.

"Ich arbeite die Ereignisse ab", sagt sie, wenn ich nach ihren Gedanken in solchen Momenten frage. Ich überlasse sie sich selbst und gehe ins türkische Bad, setze mich der Hitze aus und den Händen des Masseurs, der rubbelt und knetet und auf mir kniet, mir an meinen Armen zerrt und den Rücken massiert. Nein, es ist keine Wohltat, und ich weiß auch nicht, warum ich mir das schon wieder antue. Es muß an der wunderbaren Architektur dieses Gebäudes liegen, der Hitze, den wohltuendem Geruch frischer Kräuter und dem durch den Wasserdampf erhitzten Marmor.

In der Umkleidekabine später kann ich mich kaum noch allein abtrocknen, so weh tut mir alles, doch auf dem Weg zurück zum Hotel spüre ich die Lockerheit der Muskeln und bereue den Gang nicht. "Wie siehst du denn aus?", fragt Nadine mich lachend, "neue Haut?" Verdutzt schaue ich in den Spiegel und kann meine Körperblässe kaum glauben; die Körperbräune der letzten Wochen hat mir der Masseur wieder abgerubbelt.

Nach drei Tagen hat auch Nadine genug; die Anwesenheit der ganzen anderen Touristen im Hotel ist anstrengend, die Stadt ist laut und für einen angemessenen Eindruck von Istanbul fehlen uns noch Wochen - also fahren wir wieder los, dieses Mal am frühen Morgen, vor dem Verkehr.

Um sechs Uhr haben wir die Innenstadt verlassen, schauen noch einmal zurück zum Bosporus, den Moscheen und Minaretten und wissen, daß wir Istanbul nicht gerecht geworden sind. Nadine stört das weniger als mich:

"Wenn du reist, mußt du auswählen", sagt sie, wie um mich zu trösten, "du kannst einer Gegend nur dann gerecht werden, wenn du mal dort gelebt hast, wenn nicht die Rückreise ständig in deinem Hinterkopf präsent ist. Drum mach dir nicht so viele Gedanken - ich jedenfalls freue mich jetzt auf Griechenland; ich habe das Bedürfnis nach Leichtigkeit, nach gutem Essen, schlafen am Strand und frauenfreundlicheren Männern. Let's go..."

Dennoch, Istanbul ist so ein Ort, der eine geistige Präsenz hat.

Ich denke an Istanbul, an die Reste der alten hölzernen Stadt zu Füßen der Blauen Moschee, den steingemeißelten Brunnen an der Straße und die Teestuben, diese wunderbaren Erfindungen männlichen Chauvinismus, in die man eintritt wie in eine andere Welt. Dort gibt es Cay, Brettspiele und Wasserpfeifen, die ein wenig Einfühlungsvermögen brauchen: Auf einem langen hohlen Stab, der unten in einem Wassergefäß mündet, sitzt eine Art dicker Zigarre, die mit einem glühenden Stück Holzkohle entzündet wird. In regelmäßigen Abständen kommen junge Burschen mit eisernen Pfannen vorbei und erneuern die Holzkohle. Das Rauchen einer Wasserpfeife kann Stunden dauern; der Geschmack des Tabaks ist dabei rein und pur, denn das Nikotin wird im Wasser ausgefällt und der Rauch gekühlt.

Dazu trinkt man Cay, den türkischen Tee, von dem es eine ganze Reihe Varianten gibt. In dem sich zunehmend islamisierenden Land trinkt niemand öffentlich Alkohol, allenfalls einmal ein Efes-Bier zum Essen in einem der kantinenähnlichen Restaurants.

Doch auch beim Cay scheint es Varianten zu geben, die augenscheinlich stimulierende Wirkungen haben: so erinnere ich mich, in einem kleinen Bergdorf mit dem sinnigen Namen 'Mut' von Türken zu einem Tee eingeladen worden zu sein, der mich innerhalb von Minuten total berauschte. Im Glas stand eine Art Stäbchen, einer Vanillestange nicht unähnlich, die mit Wasser übergossen wurde und dann noch etwa eine Minute im heißen Wasser verblieb. Das Ganze war dann leicht milchig und von eher undifferenziertem Geschmack, hatte aber eine unglaubliche Wirkung: Nach zwei winzigen Gläschen dieses Getränks kam ich kaum noch in den Sattel meines Motorrades und gelangte nur mit Mühe bis ans Ende des Dorfes, wo ich die Maschine hinter einen Busch schob und erst einmal zwei Stunden tief und fest schlief. (Jener schon erwähnte Polizeioffizier in Istanbul trank genau das gleiche Getränk und wurde zunehmend enthemmter. Wahrscheinlich wollte er uns daher nicht zuletzt deshalb loswerden, um endlich schlafen zu können...)

In Tekirdag hielten wir noch einmal, um im Basar roten Pfeffer, Tee und getrocknete Früchte zu kaufen. Unser nächster, und letzter Halt in der Türkei war unfreiwilliger: Wieder einmal mußten wir vor einem dieser türkischen 'Roadtrains' auf den unbefestigten Seitenstreifen flüchten. Als der Staub sich gelegt hatte und ich wieder in Richtung Asphalt steuerte, spürte ich, daß der Seitenwagen ein verstärktes Eigenleben entwickelte, er schien nicht mehr so richtig mit der Zugmaschine verbunden zu sein.

Bei näherer Betrachtung stellte sich heraus, daß der vordere der vier Seitenwagenanschlüsse an der Halteschelle am Motorradrahmen abgerissen war - ohne Zweifel die Folge unserer teils abenteuerlichen Ausweichmanöver. Kein großes Problem, nur mußten wir entweder ein Schweißgerät oder eine neue Halteschelle finden. Außerdem bedeutete dies ein Umsteigen für Nadine. Das ganze Gepäck hinter meinem Sattel wanderte in den Beiwagen, und Nadine nahm hinter mir Platz. Mit leicht reduzierter Geschwindigkeit und schlingerndem Beiboot dampften wir bis ins nächste Dorf, Ipsala, kurz vor der Grenze zu Griechenland. Ein Mechaniker war schnell gefunden, der uns überaus freundlich erst einmal einen Cay anbot und versprach, die Arbeit schnell und für vergleichsweise lächerliche zwei DM zu erledigen.

Seine Werkstatt entzog sich jeder Beschreibung; überall lagen Eisen und Stahlteile, Autoachsen, verbogene Motorradrahmen, Schutzgasflaschen und Werkzeuge - viele selbstgemacht. Wahrscheinlich war das ganze Gas ausgegangen, jedenfalls entschied er sich für das elektrische Schweißen. Er befehligte eine kleine Armee von Halbwüchsigen, die ihm Tee kochten, die Werkzeuge reichten und das Schweißgerät heranschleppten. Wir luden derweil das ganze Gespann aus, und ich nahm den Tank von der Maschine, denn die Schelle saß direkt darunter am vorderen Rahmenrohr. Als er zu schweißen begann, wußte ich plötzlich auch, warum seine Augen ständig tränten; der gute Mann arbeitete ohne Schutzbrille. Mein Angebot, doch wenigstens meine Sonnenbrille zu benutzen, tat er mit einer entschiedenen Handbewegung ab und gab mir zu verstehen, daß dies die Präzision seiner Arbeit beeinflussen würde. Die Schweißnaht, die er über die abgerissenen Schelle legte, war beeindruckend - nicht schön und alles andere als präzise, aber dick und robust und mit Sicherheit türkeierprobt.

Als wir alles wieder angebaut und aufgeladen hatten und es ans Bezahlen ging, fragte er uns, wohin es denn gehen solle und, noch bevor ich 'Istanbul' sagen konnte, hatte Nadine schon mit 'Yunanistan', dem türkischen Wort für Griechenland geantwortet. Das war leider die falsche Antwort gewesen, die Reparatur kostete nun über zwanzig DM, und den Cay, den einer der Adjutanten des Meisters gerade auftrug, bekamen wir auch nicht mehr. Gerade noch von der Hälfte der männlichen Bevölkerung des Ortes umringt, stoben sie auf ein Wort des Mechanikers davon, und wir waren ganz allein auf der von der Nachmittagssonne glühend heißen Straße.

Nadine war sprachlos, und ich mußte ob ihres verdutzten Gesichts lachen:

"Schon mal was von griechisch-türkischen Animositäten gehört? Hättest du Istanbul gesagt, wären wir wahrscheinlich noch zum Abendessen eingeladen worden; ein Glück nur, daß er erst zum Schluß gefragt hat..."

Die griechisch-türkischen Animositäten wurden uns noch einmal an der Grenze plastisch vor Augen geführt: es gab erst einmal kein Hinüberkommen, da die Brücke über den Grenzfluß von paradierenden Soldaten verstopft wurde. Zuerst marschierten türkische Soldaten im schnellen Stechschritt und mit Stahlhelmen und Gewehren bewaffnet bis genau zur Brückenmitte, machten dann abrupt kehrt und kamen - in wesentlich langsamerer Geschwindigkeit - zum türkischen Ufer zurück.

Kaum hatten sie die Straße freigemacht, und ich meine Hand bereits an den Startknopf gelegt, als nun dasselbe Schauspiel auf griechischer Seite begann. Vom anderen Ufer kam eine Abteilung furchteinflößend schnell bis zur Brückenmitte, verharrte dort eine kleine Weile und drehte wieder ab. Erst nachdem diese Aktion beendet war, machte man uns den Weg frei. Der griechische Zöllner schaute nur kurz in unsere Papiere, lächelte freundlich und winkte uns durch.

Ich kann es nicht anders sagen: wir waren beide erleichtert, wieder in Griechenland und damit der uns vertrauten westlichen Gesellschaftsordnung zu sein; die Anspannung, die uns während der ganzen schönen Reise durch die Türkei trotz der Freundlichkeit der Menschen, der Schönheit der Natur und der Begeisterung über die Wunder Kleinasiens begleitete, fiel spürbar ab, sobald wir wieder griechischen Boden unter den Rädern hatten. Nach zwei Kilometern entdeckte Nadine die erste Frau auf dem Marktplatz eines kleinen Dorfes, und diese unterhielt sich sogar mit einem Mann; im Vorüberfahren sahen wir, daß sie lachten - welch wohltuende Natürlichkeit zwischen Menschen.

Am Abend in Alexandropolis bestand Nadine darauf, das Essen zu bestellen und alle Gespräche mit den Einheimischen zu führen. Sie genoß es sichtlich, wieder als Mensch ernstgenommen zu werden und als Frau nicht nur Ablehnung zu erfahren. Sie blühte richtig auf. "Würdest du noch einmal in die Türkei fahren?" fragte ich über Retsina und Tomatensalat.

"Irgendwann mit Sicherheit", sagte sie und biß in eine Olive, "aber nicht so bald. Es war schön, und ich möchte keine Minute missen, es war abenteuerlich und bestimmt fallen mir die ganzen tollen Geschichten erst ein, wenn ich im Herbst wieder über meinen Büchern brüte und mir den Sommer herbeiwünsche. Die Türkei hat irgendwie etwas Sommerliches mit ihren großen Ebenen in Zentralanatolien, so asiatisch, so kontinental heiß und endlos. Die langen, schnurgeraden Straßen, nur von Strommasten gesäumt und dann die flirrende Luft. Aber Griechenland ist südlicher, hier gibt es das gute Essen, die gemütlichen Tavernen, und eine Leichtigkeit liegt in der Luft. Weißt du, hier ist sogar das Meer natürlicher für mich, erreichbarer, das ganze alltägliche Leben ist etwas unkomplizierter. Nimm die Musik; da hast du genau den Unterschied: hier das leichte Gezimbel der griechischen Folkore, dort die schweren, melancholischen Melodien - einfach lebenslustiger; was meinst du?"

"Stimmt schon, aber für mich ist die Türkei noch mehr als das, was wir in den letzten Wochen erlebt haben; eine romantische Überhöhung, wenn du so willst. Ich denke an die Seidenstraßen, die uralten Handelswege von Asien nach Mitteleuropa, von China über Persien ins osmanische Reich, ich stelle mir das antike Angora und die griechischen Handelsplätze an der türkischen Ägäisküste vor. Da ist Konstantinopel als Endpunkt der asiatischen Karawanen, das anatolische Hochland und die Karawansereien, das sind alles so Kleinigkeiten, die ich sehe, wenn ich herumreise.

Sie sind nicht mehr präsent, und wenn, dann nur noch ganz vereinzelt oder in Ruinen wie in Selge oder an dieser Straßenkreuzung auf dem Weg nach Konya; erinnerst du dich an dieses Brunnenhaus mit den römischen Reliefs auf der Südseite. Das Häuschen war vielleicht schon zweitausend Jahre alt, ein Teil der römischen Handelswege nach Asien, und heute erfüllt es noch genau denselben Zweck wie damals. Die Reisenden halten an und trinken das kalte, frische Wasser wie seinerzeit die Soldaten oder Händler.

Oder denke an Selge, die Ruinen der antiken Stadt von immerhin 25.000 Menschen um das Jahr 100 n.Chr. Und heute leben dort einige Familien von der Schafzucht und bauen ihre Häuser aus den Steinen der antiken Stadt. Das ist lebendige Geschichte, das ist wie im Mittelalter, als sie in Deutschland die römischen Städte schleiften. Aus Bädern und Tempeln wurden Hütten, aus Siegessäulen Schweineställe - die Zivilisation Roms verschwand in primitiven Lebensformen. Das alles begleitet mich, ich kann mir nicht helfen..."

"Der Historiker wieder, aber du hast ja recht. Nur, all dies Wissen macht das Reisen nicht leichter und beschwingter, oder? Und, würdest du für dieses interpretierende Sehen allein wieder in die Türkei fahren und dich dauernd im Straßengraben wiederfinden wollen, weil du auf dem Motorrad für den Lastwagenfahrer anscheinend kein Mensch bist? Die Türkei ist mir ja so nicht weniger interessant vorgekommen, aber jetzt bin ich doch lieber hier."

Sprach's und schob sich eine Tomate in den Mund.

Nach Mitternacht rollten wir unsere Schlafsäcke am Strand von Alexandropolis aus. Das Meer war still, und die schmale Sichel des aufgehenden Mondes spiegelte sich in der glatten Oberfläche. Die trägen Wellen brachten kleine Sterne bis ans Ufer, während über uns der südliche Sternenhimmel wieder in seiner ganzen Pracht erstrahlte. Bald jede Minute konnte man Sternschnuppen sehen. Der Kinderüberzeugung folgend, daß man sich bei einer Stern-schnuppe etwas wünschen konnte, das dann auch tatsächlich in Erfüllung ging, hätte eigentlich jeder Wunsch in dieser Nacht in Erfüllung gehen müssen.

Zumindest für diese Nacht traf das zu: ich spürte, wie gelöst und befreit sie war, nachdem wir die Türkei verlassen hatten. Wir waren ineinander verliebt und gaben uns hin inmitten dieser Traumwelt von Meer und Mondschein, von Sand und Wärme. Ich war glücklich, rundum glücklich und verliebt, und ich glaube, daß auch Nadine glücklich war. Das sagte sie, und das spürte ich.

"Und nun?" fragte ich am nächsten Morgen, "Ein neues Ziel; wo waren wir noch nicht in Griechenland? Darf es der Peleponnes sein oder doch noch etwas Inselwelt?"

"Leider nicht mehr allzu viel", sagte sie mit einem sehr traurigen Blick, "mein Urlaub ist fast um, am nächsten Freitag geht mein Flugzeug zurück nach Deutschland."

Ich war wie vor den Kopf geschlagen. Seit drei Wochen war ich mit Nadine unterwegs; die Zeit war verflogen wie nichts - es war beinahe Mitte August geworden. Ich war bereits seit über zwei Monaten von Irland fort und noch immer ging es mir relativ gut. Sie muß mir meine Gedanken wohl vom Gesicht abgelesen haben, denn sie sagte:

"Sei nicht traurig, wir hatten eine unschlagbare Zeit, und wir werden uns wiedersehen - bald. Du fährst doch durch Deutschland, oder? Und Nürnberg liegt doch am Weg. Außerdem", wieder dieses unwiderstehliche Lächeln, "könntest du mir den Kelim vorbeibringen. Denn mit all dem Krempel, den ich gekauft habe, komme ich in kein Flugzeug mehr hinein. Tust du das für mich?"

"Ja sicher, keine Frage", sagte ich und griff nach meinem Kaffee. Ich tat einen tiefen Schluck, "natürlich bringe ich dir deine Sachen nach Haus." Plötzlich spürte ich meinen Magen wieder, nicht schlimm, einfach nur so, wie man seinen Magen spürt, und es ist unangenehm, daß man ihn überhaupt spürt.

"Weißt du, ich kann es nur nicht fassen, daß diese Zeit mit dir nun zu Ende sein soll - ich bin ein wenig traurig und ein wenig entsetzt, daß es jetzt einfach so, so still und wenig spektakulär zu Ende geht. Das Reisen mit dir in den letzten Wochen war viel zu schön, um diesem Schema von Urlaubsbekanntschaft und so zu genügen. Außerdem kann ich es kaum fassen, wie schnell die Wochen vergingen und wie wenig ich darüber nachgedacht habe. Mir kommt es vor, als habe ich dich erst gestern in Athen getroffen. Und jetzt haben wir nur noch drei, vier Tage bis Athen. Wollen wir nicht zusammen zurückfahren nach Deutschland, durch Italien, die Poebene, die Berge...?"

Es ging nicht, ich wußte es ja; sie würde am Montag nach ihrer Rückkehr ein dreimonatiges Praktikum in irgendeinem Verlag beginnen, und das war natürlich wichtig. Es war ja auch gut so; wir hatten eine wunderbare Zeit gehabt, meine Melancholie war der reinen Lebensfreude gewichen durch die Anwesenheit dieser Frau, und ich wußte wieder, was Glück war und daß es dieses warme Gefühl ganz tief in meinem Herzen noch gab.

In diesem Sinne erlebten wir unsere letzten gemeinsamen Tage: die heißen Quellen von Potamos, die Überfahrt von Kavála nach Thássos, wie immer eine unscheinbare; aber erholsame Insel, von Waldbränden gezeichnet, aber ansonsten noch sehr ursprünglich und nicht allzu überlaufen, selbst im Juli nicht.

Wir besuchten Christos, den Töpfer.

Er war einer jener Griechen, die dem Großstadttrubel Athens entfliehen wollten, und er hatte sich deshalb auf Thassos selbständig gemacht. Er produzierte Töpferwaren, so ganz einfaches Gebrauchsgeschirr, meist braun lasiert, und manchmal, wenn jemand ihm eine andere Farbe mitbrachte, auch mal rot oder blau. Sein Vater und sein Schwiegervater arbeiteten an den Töpferscheiben. Sie saßen auf kleinen, in die Wand eingelassenen Sitzen und trieben ihre Töpferscheibe durch eine auf derselben Achse befestigten, gleichgroßen Fußscheibe an. Da jeder der beiden alten Männer seinen eigenen Platz hatte, besaß der eine ein sehr muskulöses linkes und ein normalentwickeltes und dem Alter entsprechendes rechtes Bein; bei den anderen war es genau umgekehrt. Ich mußte immer lachen, wenn sie nebeneinander über den Hof kamen - sie sahen zu komisch aus.

Nadine wollte wissen, wie ich Christos kennengelernt hatte.

"Hier im Urlaub, vor gut zehn Jahren. Ein guter Freund hatte damals versucht, Christos Töpferprodukte in Deutschland zu verkaufen. Er hatte einen kleinen Laden in der Nähe von Frankfurt angemietet und fuhr zwei oder drei Mal im Jahr nach Griechenland, um Nachschub einzukaufen. Leider gab es nicht genügend Käufer für die einfachen braunen Schalen, Teller und Tassen, und so mußte er nach knapp zwei Jahren wieder aufgeben, obwohl wir uns einiges hatten einfallen lassen. Ich war ständig auf der Suche nach neuen Lasuren und kannte nach einer gewissen Zeit eine ganze Reihe von Töpfern in Nord- und Westdeutschland, die mir ihre Lasuren verkauften. Wir hatten ein unschlagbares Blau und ein herrliches Grün, spülmaschinenfest und lebensmittelneutral. Aber es funktionierte nicht, denn die Teekannen tropften weiterhin beim Schütten, und die Schalen waren nie so richtig glatt. Naja, daher kenne ich eben Christos und Eleni, seine Frau."

Es war immer wieder ein Schauspiel, wenn Christos den Brennofen anwarf. Es war kein Brennofen im eigentlichen Sinne, sondern ein eigenes, freistehendes Haus, dessen Keller er mit Holz und anderem Brennmaterial füllte. Der Fußboden in der darüberliegenden Brennkammer war löchrig, sodaß die heiße Luft an den Töpferwaren vorbeiströmte. Die Schüsseln und Schalen, Teller und Kannen standen einfach übereinander, fast zwei Meter hoch und über den ganzen Raum verteilt. (Mich erstaunte immer wieder, daß diese archaische Art des Brennens noch immer zufriedenstellende Ergebnisse produzierte.)

Christos ging dann mit einem ganzen Bündel Stroh bewaffnet zum Anzünden in das Haus und tauchte erst wieder auf, als schon der Rauch aus dem Schornstein und den Dachritzen quoll. Völlig naß geschwitzt und hustend setzte er sich dann unter den alten

Olivenbaum und wartete. Jetzt war nicht mehr zu tun als zu warten und das Haus im Auge zu behalten, denn Feuer durfte es nicht fangen. Das größte Problem war, so sagte er mir einmal, daß die vier oder fünf Feuer, konstant und gleichmäßig abbrennen mußten. Am nächsten Tag dann bereitete er die gleiche Prozedur noch einmal für den zweiten Brennvorgang.

Christos wurde nach zwei Stunden von seinem Vater abgelöst, und wir gingen am nahen Strand schwimmen. Christos zeigte mir, wie man Tintenfische fängt, allerdings hatte ich keinen großen Erfolg, da ich einfach nicht begriff, unter welchem der Steine im hüfttiefen Wasser die kleinen Tintenfische lagen. Christos aber war absolut zielsicher; mit einer entschlossenen Bewegung drehte er einen mir absolut unauffällig erscheinenden Stein um und griff im gleichen Moment darunter. Die Tintenfische hatten nicht den Hauch einer Chance zu entkommen. Er sammelte sie in einem Eimer, in dem es nach einer Weile nur noch zu zucken und sich zu winden schien.

Das Zubereiten der Kalamares begann damit, daß Christos die kleinen, Tinte verspritzenden Körper nahm und immer wieder auf einen Stein schlug, bis sie tot waren. Das war widerlich anzusehen und anzuhören, ein nasses Klatschen auf Stein, der sich langsam bläulich-schwarz färbte. Nadine saß einige Meter weiter und schaute dem Gemetzel reglos zu.

"Macht es dir nichts aus?", fragte ich sie.

"Ich weiß auch nicht; ich glaube nicht. Irgendwie denke ich mir, daß das natürlich ist - auf diese Art werden die Fischer wohl schon vor einhundert Jahren ihre Kalamares angelandet haben, und damals gab es noch kein anonym verpacktes Hackfleisch im Supermarkt. Wenn du Fleisch wolltest, mußtest du wohl töten. Was mich hier an Christos so fasziniert, ist genau diese Selbstverständlichkeit, mit der er hier vorgeht. Du kannst dir vorstellen, daß er in einem natürlichen Kreislauf lebt - ganzheitlich, weißt du, was ich meine?"

Ich wußte es durchaus, die ewige Sehnsucht des Zivilisationsmenschen; Ganzheitlichkeit, ein Leben mit den Händen und dem Kopf, keine widernatürliche Zweiteilung des Tages in Arbeit und Freizeit, zurück bis genau an jenen Punkt in der Kulturgeschichte, an dem der Fortschritt und seine Technik eine Hilfe darstellten und keine Bedrohung. Etwa so wie bei Christos am Abend: der Fernseher in der Ecke, davor die beiden Alten und wir mit den Resten des opulenten Mahles - Tintenfisch in Rotwein - am großen Küchentisch. Der kalte Wein kommt aus dem Kühlschrank, das ist bequemer als die großen Tonkrüge, die noch hinter dem Haus stehen, mit Wein zu füllen und permanent mit nassen Tüchern zu bedecken, wie sie es früher in Griechenland taten.

Später können wir von unserem Bett das Brennhaus sehen, der Rauch ist jetzt dünn und ganz hell gegen den vollen Mond. Es ist still bis auf den Gesang der Zikaden und die warme Nachtbrise bauscht den dünnen Vorhang in das Zimmer hinein. Nadine liegt neben mir und blickt mich an: "Komm her und halte mich ganz fest. Ich brauche dich jetzt bei mir..."

Das Schöne an Thássos ist die relative Abgeschnittenheit vom Tourismus; die Leute fahren zu den Kykladen, wenn sie griechische Inseln sehen wollen. Thássos ist zu weit östlich und damit zu uninteressant für den Pauschaltourismus. Das bedeutet, daß es noch typisch griechische Dörfer gibt, hoch oben in den Bergen und an den schönen Stränden von Aliki. Nadine konnte sich nicht satt sehen an den Olivenhainen mit den teils jahrhundertealten Bäumen. Kreuz und quer fuhren wir über die Insel, folgten den Eselspfaden und mieden die Teerstraßen. Irgendwo aßen wir in einer kleinen Taverne zu Abend, als ein Mann mittleren Alters, offensichtlich Deutscher, auf uns zukam und uns ansprach.

"Excuse me, do you speak English?" fragte er, offenbar aufgrund des irischen Nummernschildes am Gespann, und war erleichtert, als wir auf deutsch antworteten. "Ich bewundere ihre Maschine," sagte er, "ich wollte immer so ein Motorrad haben, aber damals habe ich noch studiert, und die Dinger kosteten mehr als ein VW Käfer. Und dann langte es nur zu einer alten NSU Max, kennen sie die noch?"

Nadine lächelte mich über den Tisch hinweg an, so als wollte sie sagen, 'Komm, sei nett zu ihm', und ich antwortete, daß mein Vater selbst einmal eine Max gehabt hatte, ich sie aber nur von Photos kennen würde, denn nachdem er seinerzeit meine Mutter heiratete, war es mit der Motorradfahrerei vorbei. Und ich wußte auch genau, warum: "Als ich mein erstes Motorrad kaufte, war ich natürlich 'stolz wie Oskar' und wollte alle Leute, die ich kannte, mal eine Runde mitnehmen. Ich war gerade achtzehn damals und das Motorrad war irgend so eine kleine 250er Honda, die massive Startproblem hatte, jedoch sehr ordentlich lief, wenn sie erst einmal lief - ich war immerhin zweimal in den Alpen mit ihr. An einem Tag im Mai kam ich dann auf die Idee, meine Mutter zu fragen, ob ich sie mitnehmen könne. Ich glaube heute, daß sie mir einfach die Freude nicht nehmen wollte, als sie zustimmte. Jede Kurve war eine Katastrophe - sie lehnte sich partout nicht in die Kurve, sondern hielt sich aufrecht, sodaß wir einmal halb aus der Kurve hinausschossen, da ich die Fuhre einfach nicht mehr auf der Straße halten konnte. Ich hielt an, und sie stieg ab, und dann gingen wir zusammen nach Hause. Seitdem hat sie nicht mehr hintendrauf gesessen, Motorräder sind offensichtlich nicht so ihr Ding... - Entschuldigung, jetzt habe ich wieder viel zu viel erzählt, ich heiße übrigens Carl", sagte ich und streckte ihm die Hand entgegen.

"Rolf", sagte er, "und die Geschichte kenne ich. Meine Frau mußte damals dasselbe erleiden, und nachdem Ruth, unsere Tochter, geboren wurde, habe ich die Maschine verkauft. Es lohnte sich einfach nicht, die Maschine immer in der Garage zu haben und soviel an Steuern und Versicherung dafür zu bezahlen. Meine Frau wollte das nicht, und deshalb fuhr ich kaum noch. Aber ihr beiden, ihr fahrt durch halb Europa, wie ist das mit euch..."

"Ich muß mal aufs Klo, tut mir leid, ich bin gleich zurück", sagte ich und verließ die Terrasse. Das war mir jetzt einfach zuviel, nicht jetzt, nicht drei Tage vor ihrem Abflug, nicht an einem unserer letzten Abende zusammen... Ich hatte solch eine Situation so oft erlebt: frustrierte Männer mit jungen Kindern an den Händen, die dir ihre Geschichte erzählen, die dich teilhaben lassen an dem Prozess, der letztendlich dazu führte, daß sie ihr großes Hobby, das Motorradfahren in diesem Falle, (ich bin mir sicher, daß Surfer oder Drachenflieger Ähnliches zu berichten haben), aufgaben für die Familie, für ihre Kinder, denn es sei doch zu gefährlich im Verkehr heutzutage, doch ihr Herz würde natürlich noch immer für die Zweiräder schlagen und so weiter... Ich hatte es zu oft gehört. Genug.

Draußen auf dem kleinen Parkplatz vor der Taverne, schien der Mond auf die Autos. Ein leichter Wind ging durch die Olivenbäume, deren Blätter immer trocken rascheln. Am Hügel ein Licht, darüber der Mond, irgendwo hinter mir griechische Musik aus dem Lautsprecher des Restaurants. Griechenland im Juli irgendeines Jahres, das in den Geschichtsbüchern auftauchen würde aufgrund von Ereignissen, die vielleicht noch nicht einmal passiert waren.

Ich, vor einer kleinen Taverne auf der Insel Thássos, auf einer Betonstufe sitzend und ein wenig angetrunken vom Retsina, nicht viel, aber genug, um nicht mehr übermäßig höflich zu sein. Ich, glücklich und traurig zugleich, aber nicht allein. Ich ging zurück; es war nicht fair, sie allein zu lassen.

"...irgendwann werde ich mir wieder eine Maschine leisten, aber im Moment, da gehen die Kinder vor, das bin ich meiner Frau schuldig, wissen Sie? Das geht nicht, wenn doch mal etwas passieren sollte..."

"Sagen Sie, Rolf," fiel ich ihm ins Wort, "meine Freundin", ich hatte das Wort noch nicht im Zusammenhang mit ihr gebraucht und wunderte mich selbst, wie leicht es von den Lippen kam, - auch Nadine blickte auf -, "meine Freundin wird morgen nach Hause fliegen und dies ist unser letzter Abend. Und so, wie Sie den heutigen Verkehr beschreiben, ist es relativ unwahrscheinlich, daß sie mich jemals lebend wiedersehen wird. Könnten Sie uns deshalb unsere letzten Stunden noch zu zweit genießen lassen? Ich wäre Ihnen sehr verbunden..."

Ich stand noch immer, mit einer Geste, die ihm nicht viel übrigließ als uns alles Gute zu wünschen und zu verschwinden.

"Meine Güte, du kannst ja richtig autoritär sein," sagte Nadine, doch es lag kein Vorwurf in ihrer Stimme. "Er tat mir einfach leid, er hatte so vieles auf dem Herzen."

"Bist du mir böse?"

"Blödsinn, natürlich nicht."

"Ich konnte ihn nur schwer ertragen, denn ich kann es noch immer nicht glauben, daß du übermorgen zurückfliegst. Ich vermisse dich jetzt schon, obwohl du noch hier vor mir sitzt. Kannst du das verstehen?"

Sie gab mir einen Stubs auf die Nase, dann zahlten wir und gingen. Draußen schien der Mond noch immer auf die Autos, doch das Licht am Hügel war erloschen.

Der Flughafen von Athen liegt etwas südlich der Stadt. Von mir aus hätte er auf Kreta liegen können; das hätte die Fahrt ein wenig verlängert.

Irgendwann waren wir einfach da; es ließ sich nicht mehr hinauszögern. Wir standen vor dem Flughafengebäude, in der Nähe des Eingangs mit dem Schild 'Departures', wir standen in der brütenden Hitze und entluden den Beiwagen. Alles, was in ihren bunten Rucksack paßte, flog mit ihr, der Rest blieb bei mir und ich würde ihn mitnehmen auf meiner Fahrt zurück.

Wir checkten ihr Gepäck ein und warteten.

Sie kaufte eine Flasche Wasser und ich beobachtete sie, wie sie mit ihrem leicht federnden Gang an die Kasse ging und ein paar Scheine aus der kurzen Hose zog, die braunen Beine in der abgeschnittenen Jeans, darüber das dunkelgrüne T-Shirt und die schwarzen Haare.

Ich schaute sie gerne an, und sie wußte, daß ich sie gerne anschaute. Manchmal hatte sie sich, wenn sie Postkarten kaufte, zu mir umgedreht, um sich zu vergewissern, daß ich ihr auch nachschaute. Sie wollte von meinen Blicken liebkost werden. Nadine drehte sich um und kam zu mir herüber und schaute mir dabei die ganze Zeit in die Augen - verliebt, traurig und voller Unverständnis angesichts dieses Flughafens und ihrer Abreise.

Nein, dies war nicht unsere Situation, damit wußten wir nicht umzugehen.

Wir saßen im Schatten im Eingangsportal des 'Departure'-Gebäudes und tranken Wasser. Wir saßen nebeneinander und starrten in den mittaghellen Glast über dem Parkplatz. Es gab nicht mehr viel zu sagen, nur noch Unwichtigkeiten wie 'Fahre vorsichtig' oder 'Ruf mal an' oder so etwas.

Irgendwann ihr Aufruf, das Signal. Plötzlich fiel mir wieder alles Mögliche ein, das ich ihr noch sagen wollte.

Sie küßte mich und griff in ihre Tasche.

"Schließ die Augen und gib mir deine Hand. Dann rate, was ich hier habe."

Sie drückte mir etwas Weiches in die Hand, ein Stück dicken Leders. "Mein Talisman. Das bin ich", sagte sie, "paß auf mich auf, bis wir uns wiedersehen. Ich danke dir für einen schönen Urlaub."

Dann drückte sie mir einen Kuß auf die Wange und verschwand zwischen den Menschen im Gebäude.

Der Tag nach ihrem Abflug war fürchterlich. Ich wurde irgendwo am Strand zwischen Lagonissi und dem nächsten Dorf wach. Ich hatte viel zu viel getrunken am Abend zuvor, und alles durcheinander. Der Anblick der leeren Maschine vor dem Flughafengebäude war schon zu viel gewesen, der Wind wehte Papier und Staub durch die Luft, die Lautsprecherdurchsagen klangen plötzlich laut und schrill und unglaublich banal. Sie verhießen nicht mehr die Namen ferner Orte, sondern drohten mit deren Existenz. So viele Plätze, zu denen sie fliegen konnte, so viele Städte, die Distanz zwischen uns legten.

Meine Laune war auf dem Nullpunkt und wurde auch dadurch nicht aufgebessert, daß mir ein Polizist gerade ein Knöllchen wegen Falschparkens in die Kartentasche des Tankrucksacks stecken wollte. Diskussion zwecklos, und so wartete ich, bis er sich ein Stück entfernt hatte und machte mich dann davon. Der Staub im Gesicht, die pralle, heiße Sonne, der Verkehr, diese ganze Südlichkeit ging mir nun gehörig auf den Wecker. Ich wollte irgendwohin verschwinden, wo mich niemand fand und mich erst einmal wieder zusammensetzen, schauen, was von mir noch übrig war und wieviel sie mitgenommen hatte.

Ich begann, mich über ihre Abschiedsworte "Danke für einen schönen Urlaub" maßlos zu ärgern; ich nährte die Enttäuschung über ihren Abflug mit meiner bewußten Fehlinterpretation dieser

Worte. Ich legte sie so aus, als wären sie eine Abschlußbemerkung, lakonisch, aufrichtig und oberflächlich und daher verletzend. Ganz bewußt verdrängte ich ihr trauriges Gesicht, ihre ebenso offensichtliche Unfähigkeit, mit diesem Abschied umzugehen, ihre Zerrissenheit, das Verlangen in ihrem Kuß, das Versprechen, auf bald in Nürnberg. Doch ich brauchte jetzt die Verärgerung, mußte das Nichts mit irgendetwas füllen, die Trauer mit irgendeinem Gefühl überdecken.

Ich fuhr ans Meer, sah die Schiffe vorbeiziehen, die Fähre nach Paros, Frachtschiffe in der Nachmittagssonne, Segelboote vor rötlichem Himmel, bedeutungslos, banal, die realistische Seite der Romantik. Ein Essen im Restaurant am Meer, Stühle und Tische direkt am Wasser, die Sonne versank als roter Feuerball, ein älteres Ehepaar aus Deutschland filmte, als die Scheibe das Wasser zwischen Egina und Salamina berührte. Der Mann kam zu mir herüber, fragte, ob dies draußen mein Gespann sei. Solch eines habe er damals in der Wehrmacht auch gefahren, in Rußland. Ob mein Seitenwagen denn auch angetrieben sei?

Ich versuchte ihm klarzumachen, daß mein Motorrad erst 25 Jahre alt war und der Seitenwagen aus sowjetischer Fertigung, allerdings dem Wehrmachtsseitenwagen nachgebaut. Doch das wollte er gar nicht wissen; ob er einmal aufsitzen dürfe? Er vermißte die Schaltkulisse an der rechten Tankseite, seine Frau sollte ihn doch einmal filmen.

"Hilde, sieh mal her, hier war das MG befestigt, und hier", er zeigte auf eine Aussparung zwischen Bordwand und Sitz, "hatten wir immer eine Flasche Schnaps bereit, damals in Rußland."

Er war ganz hingerissen, ihr war das Ganze eher peinlich, und ich stand unbeteiligt daneben. Sie weigerte sich, in den Beiwagen zu klettern, und er redete vom Marsch gen Osten und wie sie in langen Kolonnen durch die brennenden Dörfer rumpelten. Mich berührte seine Begeisterung; er war nicht verklärend, wie so viele aus der Zeit, er sagte nicht, daß Hitler eigentlich gar nicht so übel war, nur das mit den Juden...

Er redete von der Zivilbevölkerung, den Grauen, die er und die Wehrmacht über Rußland brachten. Ich lud ihn auf einen Wein ein, eine halbe Flasche stand noch auf meinem Tisch. Hilde filmte noch immer, mittlerweile die rötlichen Reflektionen des Abendhimmels auf den weißen Häusern. Helmut, (zum Glück nicht Adolf), redete vom ersten Winter in Rußland, und wie sich die überschweren Kräder in den Matsch der Straßen eingruben.

"Da hattest du überhaupt keine Chance mehr, da 'rauszukommen, da halfen auch keine Bretter mehr, oder das Gewicht des

Bootsmannes auf der Hinterachse. Da konntest du dann nur noch gucken, daß dich da irgendeiner wieder 'rauszog, ein Opel Blitz oder ein Russe mit einem Panjewagen."

Helmut erzählte, und ich dachte an Nadine. Sie war schon lange gelandet und wahrscheinlich längst zu Hause. "Und dann der Rückzug. Es wurde ja immer schwerer, für die BMW noch Sprit aufzutreiben. der Verbrauch war hoch, und mit einer Tankfüllung kamst du ja nicht allzu weit. Irgendwann in Ostpreußen war dann Schluß, Anfang 45 war das. Und weißt du, was wir gemacht haben mit dem Ding? Vergraben haben wir es, in einem kleinen Wäldchen. Wir wollten ja nicht, daß die Russen uns das Krad wegnahmen."

Sein Gesicht bekam einen Ausdruck, als redete er über die Beerdigung seines besten Freundes: "In einen Bombentrichter habe ich das Gespann hineingefahren. Wir suchten extra einen aus, der nicht so tief war und nicht voller Wasser stand. Und dann haben wir sie eingebuddelt; das hat gedauert, und die russische Artillerie konnten wir auch schon in der Ferne hören, aber wir dachten ja, wir könnten irgendwann in ein paar Monaten mal wiederkommen und das Motorrad wieder herausholen. Ich habe ja nicht geglaubt, daß sie mich für über vier Jahre nach Sibirien schicken. Egon, meinen Mann im Boot, erwischte es, kurz nachdem wir alles vergraben hatten - Tieffliegerangriff auf der Landstraße; keine Chance, keine Deckung.

Die BMW wird wohl immer noch da liegen," fuhr er nach einem Schluck Retsina fort, "wahrscheinlich ist nicht mehr viel übrig nach fünfzig Jahren. Und ich bin auch viel zu alt dafür..." Ich erzählte ihm von der Hebung eines Kettenkrades am Niederrhein vor ein paar Jahren, und daß sogar noch Sprit im Tank gewesen sein soll. Jedenfalls lief es nach einiger Zeit wieder, ich hatte es selbst gesehen. Doch er winkte ab.

"Nichts mehr für mich. Ich verlebe meine Rente lieber auf Reisen im Süden, ist eh' besser fürs Rheuma als das Krad. Aber wenn du willst, sage ich dir, wo sie liegt. Du holst sie dann daraus, ehrlich, das waren gute Maschinen, das lohnt sich. Im Beiwagen liegen noch unsere Helme und so ein Kradmeldermantel, kennst du doch, oder?"

Er organisierte ein Blatt Papier und einen Kugelschreiber und zeichnete alles ganz genau auf, ein Plan, den er fünfzig Jahre in seinem Kopf mit umhertrug, durch die Zwangsarbeit in Sibirien und das Wirtschaftswunder in den fünfziger Jahren. Auf dem leeren Blatt entstand ein Dorf, die Eisenbahnlinie nach Königsberg und ein Wald, ein Forsthaus und ein gewundener Weg. Er wußte sogar den polnischen Namen des Dorfes und bezeichnete ganz genau die Stelle unweit des Forsthauses, wo sein Gespann liegen sollte.

"Viel Glück beim Buddeln," sagte er, "ich glaube nicht, daß es mehr als einsfünzig sind." Dann kam Hilde zurück, mittlerweile war es fast ganz dunkel geworden, und blickte fragend auf die Skizze. Er stand auf und drückte mir die Hand: "Sie sind jetzt der Einzige, der mein Geheimnis kennt. Holen Sie sie 'raus, das wäre ein schönes Gefühl für mich, zu wissen, daß sie wieder läuft." Hilde nickte freundlich zum Abschied, etwas unverständig, offenbar kannte sie die Geschichte nicht, dann gingen sie.

"Und rufen Sie mich kurz an, wenn die Maschine bei Ihnen in der Garage steht," rief er mir noch im Weggehen zu, "ich würd' sie gern nochmal sehen." Beim Hinausgehen strich er noch einmal fast zärtlich über die Blechhülle des Beiwagens, dann verschwanden sie in der warmen Nacht. Ich hielt noch immer seinen Plan in der Hand, bestellte noch einen Wein und studierte den Plan einmal genau. Er hatte sogar einen Kompaß daraufgemalt, und in der Ecke stand seine Telefonnummer. Das wär's ja noch, eine Ausgrabung in Ostpreußen... 'Neuartige Forschungsmethoden in der Zeitgeschichte. Historiker buddelt Wehrmachtskrad in Ostpreußen aus', so oder ähnlich stellte ich mir die Schlagzeile in der Historikerzeitschrift vor.

Der Morgen bewies, daß Nadine nicht wiedergekommen war.

Griechenland also jetzt allein, ganz so wie ursprünglich geplant. Aber nichts war mehr wie ursprünglich geplant.

Nach einem Bad im Meer waren die heftigsten Kopfschmerzen bekämpft, und gegen Mittag dachte ich an Frühstück. Außerdem bedurfte das Motorrad dringend der Wartung. Also wieder hinein nach Athen; James, einer meiner Nachbarn in Irland, hatte mir die Adresse eines Freundes in Athen gegeben, der mit Motorrädern handelte. Nach zwei Stunden hatte ich den Laden gefunden, unweit der Akropolis, aber im Gewirr der Gassen ohne fremde Hilfe nicht zu finden.

Alexos, der Besitzer, ein Bastler im ölverschmierten Blaumann, freundlich, und mit guten Kenntnissen des Englischen. Sein Reich, ein Sammelsurium von gebrauchten Maschinen der letzten vierzig Jahre, namentlich deutsche und italienische. Er machte sein Geld mit der Nostalgiesucht der Deutschen, die in den achtziger Jahren in Griechenland alles Fahrbare auf zwei Rädern gekauft hatten und nach Deutschland verfrachteten - ganze Lastwagen voll, sagt Alexos. Ich hatte das selbst damals schon beobachtet, doch es war ja auch zu verlockend gewesen, all die alten Motorräder aus dem Krieg, den fünfziger und sechziger Jahren, alle noch rostfrei und nur technisch überholungsbedürftig. Alexos brauchte damals einen Job, kam aus dem Libanon und mußte untertauchen - daher also die Verbindung mit James, dachte ich - und da war so ein Laden gerade das Richtige, eine schnelle Mark, und internationale Kontakte hatte er genug, um seine zusammengeschraubten Oldies auf dem deutschen Markt abzusetzen.

Die Übermittlung von Grüßen von James bescherte mich auch mit einem Bett für die Nacht und einem Platz in der Werkstatt, sodaß ich mich ausgiebig um mein Gespann kümmern konnte, Ventile, alle Öle, Schmiernippel, Zündung - das Übliche eben. Erstaunlich, wie gut die alte Kiste die Strapazen weggesteckt hatte, ich war jetzt fast 10.000 km unterwegs und hatte noch keine größeren Probleme gehabt.

Alexos Wohnung befand sich im obersten Stock des Hauses, und von der kleinen Dachterrasse hatte man einen herrlichen Blick auf die Akropolis. Es war herrlich, als die Sonne versank, saß ich beim Wein hoch über der brodelnden Stadt und blickte über das Häusermeer. Athen war nicht schön, kein Platz zum Verweilen, aber es war schön, von dieser Oase der Ruhe auf diesem Häuserdach auf das Parthenon zu blicken, das zeitlos ruhig und scheinbar unvergänglich auf seinem Hügel zu liegen schien. Kaum glaubhaft, daß die gegenwärtige Luftverschmutzung dem Gebäude mehr zusetzt als die letzten 2.000 Jahre. Selbst in der Nacht ist Athen nicht still, doch kann man sich eine südländische Betriebsamkeit einreden, um den Lärmpegel zu ertragen.

Tagsüber ist das anders. Da spüre ich, daß Athen nicht lebbar ist, jedenfalls nicht für mich, allenfalls befristet ertragbar. Die Hitze im Sommer ist infernalisch, und die vielgeliebte griechische Lebenskunst, die sich dem Touristen so herrlich beschaulich in den Tavernen der kleinen Fischerdörfer präsentiert, wirkt in Athen wie aufgesetzt und nicht mehr glaubhaft. Griechenland heute hat keine Stadtkultur, die sich dem Reisenden einfach erschließt; griechische Städte wirken wie seelenlose Moloche. Ich war nie gut in Städten, doch es gab Ausnahmen, Rom, Dublin, auch Paris und vielleicht noch New York. Alles andere nur anstrengend, Athen keine Ausnahme.

Daher brach ich am nächsten Morgen wieder auf, dieses Mal mit einer Grußbotschaft von Alexos an James, "back home in Ireland", wie Alexos sagte. Im Übrigen nahm er meine Abreise ebenso gleichmütig hin wie meine Ankunft - kein Mann der großen Worte, eher jemand, der seine bürgerliche Identität zu schützen bedacht ist, jemand, der sich nicht noch einmal aufopfern würde für eine Idee oder als Söldner in irgendeiner Armee kämpfen würde. Ich war mir sicher, daß er nach meiner Ankunft sofort mit James Kontakt aufgenommen hatte, um sich meiner Ungefährlichkeit zu versichern.

Ich hatte nie so richtig herausbekommen, in wessen Diensten James im Bekaa-Tal gewesen war, warum auch er einer der zahlreichen im Libanon festgehaltenen Geiseln gewesen war. Sicher war nur, daß sich für seine Freilassung keine westliche Regierung eingesetzt hatte, daß er nur freikam, weil seine Mitkämpfer ihrerseits Geiseln genommen hatten und ihn freipreßten. James war eine interessante Figur, ich weiß noch, wie ich ihn das erste Mal traf, damals, kurz vor meinem zweiten Winter in Irland, auf einem kleinen Parkplatz am Meer, als ich einem Freund gerade die ersten Übungen auf dem Motorrad beibrachte. Ich ließ ihn eine Acht fahren, dann ausweichen und so weiter. James kam in einem Auto mit belgischer Nummer, ein verbeulter alter Opel.

Er fragte mich, ob das mein Motorrad sei und ich bejahte, ein wenig vorsichtig, denn die Maschine war damals weder versichert noch angemeldet - ich fuhr einfach mit einem alten deutschen Kennzeichen in der Gegend herum. Daher war ich sehr vorsichtig und witterte die Polizei überall. Er habe mich schon öfter gesehen, ich sei der Einzige, der hier mit einer alten BMW durch die Gegend fahren würde, er habe auch eine, aber die sei in Griechenland an Bord seines Schiffes...

Dann lud er mich in die nächste Kneipe ein, eines jener Etablissements, die zur Hochsaison vielleicht erträglich sind, im November jedoch ein Inbegriff an Ungemütlichkeit darstellen - großer Schankraum, Bühne in der Ecke, leere Sitzkompartments allenthalben, ein Barmann, ein alter Farmer, betrunken, und wir beide am Tresen.

'Hot Whiskey, of course.' James gab sich als Schiffsdesigner, daher das Boot in Griechenland, früher habe er allerdings für 'die Organisation' gearbeitet. Er gab mehr Anlaß zu Fragen als Antworten; seine Geschichte rankte sich um Fallschirmabsprünge im Bekaa-Tal und Monate der Haft zusammen mit Brian Keenan, auch Terry Waite habe er einige Male getroffen, bevor es ihm gelang auszubrechen, wie er sagte. Fragmente hier und da, die in mein Bild des Nahen Ostens Mitte der achtziger Jahre paßten, aber nichts Handfestes. Irgendwann gab ich mein Puzzle auf und hörte nur noch den Geschichten zu, die er erzählte; draußen heulte mittlerweile der Novemberwind über den viel zu großen Parkplatz, auf dem nur ein alter, verbeulter Opel und ein graues Motorrad standen. Ich dachte damals an John, der immer sagte, daß es nicht so wichtig war, ob eine Geschichte stimmte oder nicht, es war wichtiger, ob einer interessant erzählen konnte.

Alexos schien aus demselben Holz geschnitzt, nur nicht so gesprächig, daher machte ich mir nicht einmal die Mühe, irgend etwas herausfinden zu wollen. Ich war dankbar für die Nacht in

174

Athen und seine Werkstatt, und die Maschine lief wieder wie am Schnürchen.

Meine Reise schien ihren Höhepunkt überschritten zu haben; ich war wieder auf dem Weg zurück gen Norden. Die Rückfahrt sollte beschaulich und genußvoll werden wie die Anreise in den Süden; so hatte ich mir das vor vielen Wochen am Kamin in Irland vorgestellt; ich wollte erst bei den ersten Zeichen der Herbstes wieder zurück in den Norden fahren. Das Semester begann erst Anfang Oktober, und bis dahin waren es noch fast sechs Wochen - ich hatte also keine Eile.

Doch nun war meine Stimmung verändert - mich hielt nicht mehr allzu viel in Griechenland. Ich versuchte zu ergründen, warum, malte mir die Schönheit des Peleponnes aus, die wilden Bergstraßen, die wie gemacht waren für das Reisen mit dem Gespann. Irgendwie jedoch war die Luft heraus aus meinen Reiseplänen, den Peleponnes kannte ich eh schon von früheren Reisen. Nach einigen Stunden gestand ich mir ein, was mir fehlte, um meine Abenteuerlust wiederzubeleben: sie! Meine Gedanken kreisten um Nadine; ich stellte sie mir in Deutschland vor, an ihrem Praktikumsplatz, hatte sie vor Augen, wie sie von ihrem Platz im Seitenwagen zu mir herauflachte, wie sie eine Olive aufspießte, wie sie morgens am Strand aufwachte, in einem Kafenion sitzend eine Zigarette rauchte, ihren Kopf zu mir herüberbeugte, mich küßte.

Die Erkenntnis, sich verliebt zu haben, kann wie ein Hammer kommen, eine plötzliche Einsicht, ein Moment voller Klarheit und die Welt erscheint in einem anderen Licht. Ich kannte dieses Gefühl ganz genau, es war der Rausch, der einen besessen machte und liebestrunken, der einen Schlangenlinien auf der Straße fahren und zwei unterschiedliche Socken anziehen ließ. Das Gefühl, sein ganzes Leben von einem neuen Blickwinkel zu sehen, die neue Beziehung zu einer Frau als Felsen zu sehen, von dem aus das eigene Leben ganz neu zu dirigieren war - der Feldherrnhügel jenseits des Schlachtfelds der Gefühle, auf dem man so viele Verwundungen erlitten hatte.

Wie vertraut war mir dieses Bild, wie oft hatte ich alles für diese neue Beziehung geben wollen, meine ganze Person in die Waagschale geworfen und hatte die Frauen in meinem Leben immer mit dem Gewicht meiner Persönlichkeit erdrückt, ihnen die Luft zum Atmen genommen, das zarte Pflänzchen Beziehung mit meinem Enthusiasmus zertrampelt, viel zu viel von mir selbst viel zu früh gegeben und war daher immer wieder viel schneller ins Kampfgetümmel zurückgekehrt als gedacht.

Dieses war das eine Gefühl, die überwältigende Erkenntnis eines Augenblicks, wenn ich die Münzen in meiner Tasche in die Hand nehmen und so hoch wie nur eben möglich werfen und dann losrennen wollte, so daß ich deren Klirren beim Aufschlag nicht mehr hören konnte, dieses atemlose Sicheingestehen, daß eine unkontrollierbare Kraft Besitz von mir ergriffen hatte, der ich willenlos ausgeliefert war.

Nun, dort in Griechenland, auf dem Weg von Athen nach Korinth, bei vierzig Grad im Schatten eingeklemmt zwischen zwei Lastwagen, präsentierte sich das Gefühl, verliebt zu sein - kein Zweifel - ganz anders. Ich vermißte Nadine, ich vermißte die Kleinigkeiten des Alltags, die wir ungewöhnlich schnell miteinander geteilt hatten. Wir waren so harmonisch in der Art, wie wir unsere Tage verlebt hatten, so aufeinander eingespielt schon nach einigen Stunden, daß man glauben konnte, wir seien schon ewig und drei Tage zusammen. Doch, dieses warme Gefühl tief im Bauch war natürlich auch vorhanden, diese Sehnsucht nach der Tiefe ihrer Augen, in denen ich mich so gern verloren hatte, dieses Verlangen nach ihrer Liebe, zärtlich und leidenschaftlich zugleich, ihr warmer Bauch, ihre braunen Brüste und das erschöpfte Lächeln danach, in dem ich soviel Vertrauen las und das die Sexualität mit ihr doppelt schön machte. Sie gab mir als Mann das Gefühl, daß sie meine Liebe liebte, daß ihr die Liebe mit mir Spaß machte, daß sie unsere Liebe als eigenständigen Teil unserer Beziehung genoß.

In Korinth ging ich in ein Photogeschäft und gab alle meine Filme zum Entwickeln ab; ich sehnte mich nach einem Bild von Nadine. Ich verweilte stundenlang am Kanal und in den Ruinen der alten Stadt in der freudigen Erwartung, am Abend etwas von ihr, und wenn es nur ein Photo war, in den Händen halten zu können.

Irgend etwas in dem Photogeschäft lief jedoch schief, und ich bekam nur die Hälfte meiner Filme zurück; den Rest sollte ich am nächsten Morgen bekommen. Also saß ich beim Abendessen unweit der Ruinen, betrachtete die Bilder aus der Toskana, Hügelstädte in terrakottarot und endlose Sonnenblumenfelder - keine Nadine, dafür Weinfelder und Herrscherbüsten, Michelangelos David gleich dreimal und Details toskanischer Baukunst in San Gimignano, die Obstauslagen vor einem Geschäft und die kilometerlange Menschenschlange vor den Uffizien, Abendessen mit Weißwein in Orvieto, die Relikte der Heiligen von Gubbio und so weiter... Und immer wieder die obligatorischen Photos vor den Hotels, 'La Cisterna', 'Valentino' und 'Tre Ceri', teure und stilvolle Unterkünfte abseits toskanischen Lebens, Gewächshäuser des Kreditkartentourismus.

Menschen aus aller Herren Länder, die Toskana scheinbar das Mekka der der Weltintellektuellen, die dorthin pilgern und zwischen Terrakotta und Rotwein die scheinbare Ländlichkeit einer durch und durch kultivierten Landschaft feierten. Bilder vom Pallio in Siena, von südlichen Alleen und von der wie aus dem Stein herausgehauenen Stadt Orvieto, von Kathedralen und Kapellen, und immer wieder Zypressen, massenhaft und doch unaufdringlich, mit und ohne Gespann davor. Rom, der Vatikan, Petersplatz, ein kleines Weinlokal unweit der Engelsburg, Kolosseum, Forum Romanum, alles, was man in Rom eben so besucht... Ja, auch Berge, die Alpen, Ötztal und Timmelsjoch, ein Schloß an einer Bergflanke, mit Gespann im Vordergrund, ein Wasserspeier ohne Gespann.

Nadine erst am späten Vormittag, einige griechische Entschuldigungen im Photoladen, immerhin ein garantierter Ein-Stunden-Service, dann der Rest der Photos. Ich verpackte alle Beutel im Seitenwagen und hielt nur drei Photos zur Hand: Nadine im Schattenriß, eine Zigarette rauchend, gegen die Silhouette eines Kafenions, Nadine schlafend, das schwarze Haar weitgefächert auf dem Kissen irgendeines Hotels in Anatolien und Nadine, mich anlächelnd, das Haar im Schwarz des Hintergrunds aufgehend, ihr Kopf dadurch kleiner, leicht schräggelegt. Ihre Augen scheinen noch im Photo zu leben, mich braun anstrahlend, ihre Iris, im

Photo nicht erkennbar, doch bekannt, wie ein leuchtender Kranz um ihre Pupillen, die schwarzen Augenbrauen darüber, der Mund leicht offen, ihre ebenmäßigen Zähne mit den hellweißen Stellen entblößend.

Ich bin ein Augenmensch, und mit ihrem Bild in meiner Hand ersteht sie vor mir zu neuer Gegenwart. Es ist verrückt, ich weiß es, und dennoch ist sie plötzlich präsenter, ich weiß wieder ganz genau, wie sie redet, lacht, scheine ihre Stimme zu hören, sie ist da und ich fühle mich nicht mehr so allein. Ich sehne mich nun um so stärker nach ihr...

Ich mußte mich entscheiden, ob ich nach Igoumenitsa oder nach Patras fahren sollte, um die Fähre nach Italien zu nehmen. Alles sprach für Patras, denn es gibt eine schnelle Straße entlang der Küste, auf der ich es in wenigen Stunden schaffen konnte, zumal ich ja schon bis Korinth gekommen war. Also Patras, aber durch die Berge des Peleponnes.

Hinter Korinth hatte ich einen Platten, ausgerechnet am Hinterrad. Ich bockte die Maschine auf und war gerade dabei, den Schlauch zu flicken, als ein Motorrad neben mir hielt.

"Do you need help, tools or so?" fragte der Fahrer mit einem starken deutschen Akzent, (wieder einmal wurde mir bewußt, daß ich ein irisches Kennzeichen durch die Gegend fuhr.) Obwohl ich seine Hilfe nicht brauchte, fuhr er dennoch nicht weiter, sondern bockte seine Maschine, eine alte Kawasaki vom Anfang der siebziger Jahre, auf und wir 'redeten Benzin', von Motorradkameradschaft, gegenseitiger Hilfe auf der Straße und wie sehr die Hilfsbereitschaft unter Motorradfahrern doch abgenommen hat, seitdem das Motorrad zu einem reinen Freizeitgerät geworden ist.

Matthias sah abenteuerlich aus in seiner Lederkombi, die mindestens so alt war wie seine Maschine, den Wanderschuhen und dem Zehn-Liter-Kanister Olivenöl auf der Sitzbank. Dazu hatte er lange, glatte, blonde Haare, die ein wenig verfilzt wirkten. Er war fast so gross wie ich, aber schlaksiger.

Nachdem ich meinen Platten behoben hatte, fuhren wir ins nächste Dorf auf einen Kaffee und er erzählte, daß er zum ersten Mal in Griechenland unterwegs war. Das Motorrad habe er von seinem Bruder erstanden, der aufgrund Nachwuchses in seiner Familie keine Zeit mehr dafür habe. Er selbst sei erst seit kurzem wieder in Europa: "Ich war in Asien", sagte er, und bot mir gleichzeitig eine Schachtel entgegen. Nachdem er sich selbst eine Zigarette angezündet hatte, fuhr er fort, "ich war für zwei Jahre in Tibet, habe da in Klöstern gelebt."

"In Klöstern", fragte ich eher ungläubig, "wie macht man das denn? Ich denke, es gibt keine Aufenthaltsgenehmigungen für Westler in Tibet."

"Gibt's auch nicht; ich war illegal dort, aber die Mönche haben mich versteckt und von Kloster zu Kloster weitergereicht. Weißt du, ich habe mich jetzt zwar für ein Studium der Medizin eingeschrieben, aber eigentlich habe ich auf Schreiner gelernt und habe nach meiner Lehre den Mönchen dort geholfen, ihre Klöster wieder fitzumachen, das Holzwerk eben und was gerade so anfiel. Klar, daß die Chinesen so jemanden wie mich nicht gerade willkommen heißen, aber bei den Tibetern war ich umso beliebter. Zwei Jahre lang wußte niemand, daß ich mich in Tibet aufhielt, und ich kann dir sagen, es waren zwei sehr interessante Jahre. Verdient habe ich nichts, nur das Geld für einen Rückflug von Indien hatte ich ständig bei mir; aber ich würde die Zeit nicht eintauschen gegen einen Haufen Geld."

Matthias erzählte von den Hochebenen im Himalaya, von strenger Winterkälte und Sommern, wenn der Wind über das kurze Gras fegte, von Mönchen in gelben Umhängen und von wochenlanger Kontemplation, von der Dankbarkeit der Menschen und deren Enttäuschung darüber, daß die Welt sie vergessen hatte und die Annexion Tibets durch China de facto anerkannte. Seine Schilderung des Himalaya rief Erinnerungen an Kirgisien bei mir wach, an die verschneiten Bergriesen im Sommer, die Einsamkeit der Täler und die verkarsteten Höhenzüge. Kirgisien war für mich zuerst enttäuschend gewesen; es ähnelte so unglaublich stark nach der Schweiz, doch je länger ich dort herumwanderte, desto faszinierender wurde das Land mit seinen Menschen. Ich blieb einen Monat dort, reiste von Kirgisiens Bergen an die Seidenstraße in Usbekistan und lebte wie in 1001 Nacht.

Irgendwann spürten wir, daß es später Nachmittag geworden war in Griechenland; über unseren zentralasiatischen Erfahrungsaustausch hatten Matthias und ich die Zeit total vergessen. "Wohin willst du denn heute noch?", fragte ich ihn nach einer Pause.

"Ich weiß noch nicht so recht. Meine grobe Richtung wäre Patras, aber ich habe noch etwas Zeit, auch noch nichts gebucht oder so. Mit dem Moped komme ich auch bestimmt immer mit, oder? Ich wollte auch noch zu den Inseln, Zakinthos und Korfu. Also keine Eile."

Wir entschieden, irgendwo in den Bergen zu bleiben; einzige Bedingung war ein Telefon, denn ich wollte Nadine anrufen. Die Straßen auf dem Peleponnes sind mit Vorsicht zu genießen; es gibt herrlich asphaltierte Stücke, die dann inmitten einer langen

Kurve, in die man das Motorrad hineingelegt hat, plötzlich aufhören und im Schotter enden. Matthias mußte seine schnelle Maschine einige Male gehörig zusammenbremsen, um einen Ausrutscher zu vermeiden. Mir ging es da besser; Linkskurven waren mit dem Gespann und der satten Kraft des Boxermotors wunderbar zu nehmen, meist schob ich im Drift um die Ecken. Rechtsherum ging es etwas langsamer, denn dann wurde selbst der schwere blecherne Seitenwagen oft erstaunlich leicht und hob gelegentlich ab. Dennoch war ich auf solch schlechten Straßen auf meinem drei Rädern ein ganzes Stück sicherer unterwegs.

Vor Sonnenuntergang hielten wir in einem kleinen Dorf, an dessen Dorfplatz es eine Taverne und ein Telefon gab. Ihre Stimme war so nah und doch so fern; sie war überwältigt, mich zu hören, wußte kaum, was sie sagen sollte, ja, es ging ihr gut, das Praktikum sei nicht übel, sehr lehrreich, doch vermisse sie mich viel zu stark, um sich besonders darauf konzentrieren zu können, ob es noch heiß sei in Griechenland, wie die Maschine laufe, ob ich auf der Rückfahrt auch ganz gewiß in Nürnberg Halt machte, nein, ihren ehemaligen Freund habe sie nicht getroffen, er habe zwar eine Nachricht hinterlassen, doch sie wolle ihn nicht sehen, sie sei froh um die Wochen mit mir, die eine Menge Distanz zwischen sie und ihre alte Beziehung gebracht hätten, ich solle sie wieder anrufen, bald, alles Liebe, ich solle vorsichtig fahren...

Ich mag das Telefonieren nicht, es macht eine natürliche Unterhaltung unmöglich, und selbst Freunde klingen wie Fremde am Telefon. Ich kann nicht sagen, daß mich das Gespräch mit Nadine sonderlich begeisterte, wir hatten vieles angerissen und nicht viel gesagt, wußten nur, daß wir uns gegenseitig vermißten.

Was hatte ich erwartet, ein Telefon bleibt ein Telefon mit all seinen Unzulänglichkeiten - auch wenn man verliebt ist. Doch gerade dann hinterläßt ein Telefongespräch immer so einen schalen Nachgeschmack; man erwartet, daß ein Telefongespräch mit jemandem, den man sehr mag, eine besondere Qualität hat - so als wäre ein Telefon nicht mehr länger ein Telefon. Ich dachte noch einmal über alles nach, was sie gesagt hatte, hörte ihre Stimme noch einmal und versuchte mir die Frage zu beantworten, ob sie verliebt geklungen hatte. Sinnlose Grübelei.

Und doch blieb die Frage, ob ich sie vermißte oder die Idee von ihr; die Idee einer problemlosen Liebe auf den ersten Blick, dem Gefühl des unbedingten Zusammengehörens, der Leichtigkeit des Umgangs miteinander und der glücklichen Kombination von Liebe und Freundschaft. Im Urlaub ist immer alles ganz einfach, das weiß man ja, jeder Flirt gewinnt auch durch die Umgebung.

Matthias bemerkte meine Grübelei und fragte, ob er mir irgendwie helfen könne. Ich beschrieb ihm die Situation mit zwei, drei dürren Sätzen, doch hatte ich anscheinend genau sein Thema getroffen. Er war felsenfest davon überzeugt, daß ein Mann seine wahre Liebe nur bei einem anderen Mann finden könne, denn es gebe ihn eben doch, den fundamentalen Unterschied zwischen Männern und Frauen. "Ich habe lange gebraucht," sagte er, "um mir einzugestehen, daß mich die Liebe einer Frau nicht glücklich machen kann. Ich hab's oft versucht, aber immer an der Frau vorbeigefühlt; nie kam ich mir richtig geborgen vor. Frauen sprechen eine andere Gefühlssprache als wir. Irgendwann dann habe ich meine Scheu überwunden und bin mit einem Mann zusammengekommen - ich sage dir, das ist etwas ganz anderes. Du spürst die weichen Stellen im Charakter eines Mannes, und sie sind dir vertraut, denn an der gleichen Stelle sitzen auch deine. Es dauert eine Zeit, bis du dir das eingestehst. Das war bei mir auch so, aber jetzt bin ich mit mir im reinen; ich weiß, was ich brauche. Ich lebe jetzt mit meinem Freund zusammen, und wir sind wirklich glücklich. Ehrlich."

Hätte ich nur nichts gesagt, denn nun ging es noch eine ganze Weile so weiter. Ich war mir auch irgendwann nicht mehr so sicher, ob er mich missionieren wollte oder nur spürte, wie traurig ich im Moment war und dass ich dieser Trauer so gar nicht Herr werden konnte. Eigentlich war mir das aber auch egal – ich wollte einfach jetzt nicht über meine Gefühle reden müssen. Irgendwann fiel ich ihm ins Wort, unterbrach sein Plädoyer für die homosexuelle Beziehung und erzählte ihm, wie unglaublich verliebt ich doch sei und wie sehr ich mich darauf freute, Nadine bald wiederzusehen.

Das half. Er zog sich zurück und wir beide verfielen der Stille auf diesem lebendigen griechischen Dorfplatz. Matthias stand auf und verschwand in die Dunkelheit am Rande zwischen den alten Häusern. Ich blieb sitzen und trank Ouzo, bis das Zirpen der Zikaden vom Pochen in meinem eigenen Kopf übertönt wurde. Fetzen aus der Vergangenheit tauchten auf, Bilder von Freunden im Studium, die sich selbst vergaßen sobald 'das richtige Leben' danach begann. Deren Humanismus und Toleranz gegenüber neuem bei den Notwendigkeiten des Alltags endeten. Gerade auch wenn es um Homosexualität ging: Unter Studenten schien man homosexuelle Beziehungen als Alternative zu heterosexuellen anzuerkennen - alles kein Problem, denn während des Studiums gibt man sich ja sowieso von der liberalen Seite, tolerant und aufgeschlossen, oder? Sobald dann nach der Unizeit der erste monatliche Scheck des Arbeitgebers eintrifft, sieht alles schon ganz anders aus. Wenn ich an die Leute denke, die ihre Ideale zusammen mit den ausgewaschenen Jeans in den Müll gaben, als sie mit der Uni fertig waren und das große Geld anvisierten, die ihre Haare extra kurz schnitten aus Angst, beim Vorstellungsgespräch sonst durchzufallen. Und das waren keine Ausnahmen, das war eher die Regel.

Die große Toleranz ging dann gleich mit drauf. Ich dachte an einen Kommilitonen, Arndt, den ich zwei Jahre nach dem Ende seines Studiums, in dem er sich vehement für einen größeren Einfluß der Studentenschaft und für einen Abbau des Rassismus in Deutschland eingesetzt hatte, wiedertraf. Er war mittlerweile in der Produktionsaufsicht eines großen Konzerns gelandet und redete großspurig über Innovationen im Betrieb und über die 'Freisetzungen' hauptsächlich in der Gruppe der ausländischen Arbeiter, die sowieso nicht so effizient arbeiten würden. Das müsse man schließlich sehen, dies sei das wahre Leben, das habe mit der Universität nicht mehr viel zu tun. Ich in meinem Treibhaus hätte ja gut reden, ich hätte ja mit der Wirklichkeit nicht viel zu tun; er stünde schließlich an der Spitze eines großen Unternehmens und wüßte, was 'abginge'. Dann sollte ich mir noch das Haus ansehen und seine Neuerwerbung, ein 1961er Mercedes, von dem er ja schon während der Studentenzeit immer geträumt hatte. Natürlich gab es auch eine Frau, so eine stille, auf Konsens und Harmonie bedachte Maus und die obligatorischen schönen, alten Möbel, vom Innenarchitekten mutig mit Designerkram und Skelettleuchten kombiniert.

Ich hatte einzig das Bedürfnis, ihn zu schütteln, um ihn endlich zu sich kommen zu lassen, damit er wenigstens hören konnte, was er da alles erzählte; statt dessen drehte ich mich um und ging, noch vor dem Abendessen, ging einfach hinaus und fuhr nach Duisburg, in den Hafen, dort wo die Arbeiter abends ihr Bier trinken, und nach zwei 'großen Blonden' und einer kalten Frikadelle mit Senf sah die Welt schon wieder ganz anders aus.

Arndts Philosophie, das war die normative Kraft des Faktischen, das war der Glaube an Macht und Einfluß; damit wurde man mächtig und reich, korrupt und rückgratlos, man wurde vorhersagbar und unmenschlich. Ich hatte gehen müssen, mir war das alles zu klaustrophobisch.

Am Abend des nächsten Tages erreichten wir Patras.

Wir waren quer durch den Peleponnes gefahren, auf hauptsächlich unbefestigten Straßen und auf Wegen, die manchmal selbst für das Gespann zu schmal schienen. Es war ein wunderbarer letzter Tag in Griechenland, die Luft war trocken und heiß, doch unter den Bäumen entlang der Straße roch es nach Thymian und Basilikum.

Mir war nicht ganz wohl gewesen, noch einmal durch Kalavrita zu fahren. Als ich vor Jahren, damals noch mit Kati, dort gewesen war, hatten wir die Ablehnung der Dorfbevölkerung gegen uns Deutsche ganz offen gespürt. Und wir hatten Verständnis dafür; immerhin hatte die Wehrmacht im Dezember 1943 fast die gesamte männliche Bevölkerung des Ortes massakriert. Damals schon war mir die Ablehnung offenbar; wieviel mehr würde ich sie nun spüren, da mein Motorrad nun wirklich eine gewisse Ähnlichkeit mit den Wehrmachtsgespannen aufwies, wie mir ja schon bestätigt worden war.

Doch es war alles halb so schlimm, die Anwesenheit einer großen Menge von Touristen in Reisebussen neutralisierte jedes Ressentiment. Wir ließen uns sogar zu einem Mittagessen auf dem Marktplatz hinreißen. Matthias fand die Ähnlichkeit der Geschäfte am Markt von Kalavrita mit denen in Nepal offensichtlich und ich schlürfte meinem Retsina unter den hohen Bäumen am Markt, der gesäumt war von kleinen Geschäften und Kafenions und einer Kirche, deren Kirchturmuhr an einem Tag im Dezember 1943 für immer auf halb drei stehengeblieben war.

Die Fähre nach Igoumenitsa und Korfu legte erst am folgenden Morgen ab. Ich hatte also noch eine Nacht in Griechenland, kaufte Holzkohle in einem Hafenladen und zündete den Samowar am Pier von Patras an. Es gesellten sich noch einige Reisende zu uns, irgendjemand hatte eine Gitarre, ein anderer brachte Ouzo und eine Melone. Ich lag am Kai etwas abseits von den anderen, trank Tee und ließ die Beine an der warmen Wand herunterbaumeln. Ich wollte eigentlich nicht zurück; doch, ja, ich wollte Nadine wiedersehen, wiewohl ich ein wenig Angst davor hatte, daß unsere gemeinsamen Wochen in Griechenland und der Türkei wie eine Seifenblase platzen könnten angesichts der Realität, ihres Praktikums und meines Jobs in Irland. Diese Beziehung zu ihr war mir wichtig, für mich hatte sie eine Menge Potential und rief danach, gelebt zu werden. Gleichzeitig fragte ich mich in dieser Nacht im Hafen von Patras, ob ich mir den Besuch bei ihr nicht lieber sparen sollte und mit einer wunderschönen und ungetrübten Erinnerung zurückkehren sollte. Es würde dann nicht weitergehen mit uns, es gäbe keinen Fortschreiten, aber die Erinnerung wäre auf diese Art perfekt, etwas, woran man später, wenn man alt war, immer noch gerne dachte.

Die Sterne über mir erinnerten mich an den Sternenhimmel, den ich an klaren Nächten von meinem Hügel in Irland sehen

konnte; groß war der Unterschied nicht, auch dort sah man fort-
während Sternschnuppen, auch dort war der Nachthimmel nicht
schwarz, sondern dunkelblau. Der Süden war der Süden, das war
nun einmal so, und selbst in warmen irischen Nächten holte man
nach Sonnenuntergang den Pullover. In all den Jahren, in denen
ich in Deutschland gelebt hatte, war diese Insel im Nordwesten
das Ziel meiner Tag- und Nachtträume gewesen; ich sprach englisch mit irischem Akzent, ich war in Irland Deutscher und in
Deutschland Halbire. Ich war stolz und froh, einen Job gefunden
zu haben, der mich zwar nicht reich, aber zufrieden machte; die
Studenten mochten mich und ich mochte sie; ich hatte Urlaub genug, um wie einst als Student wochenlang im Süden herumzurei-
sen. Wie einst als Student mußte ich aber auch eine ganze Zeit
dafür sparen. Eigentlich war ich zufrieden; ich lebte allein mit
wechselnden kurzen Bekanntschaften, man kennt das, die Zeiten,
in denen ich nach der großen Liebe gesucht hatte, waren vorbei.

Einmal war ich überzeugt gewesen, sie zu haben, die große
Liebe, und sie dauerte fast sieben Jahre. Nachdem sie zu Ende
war, wurden alle Beziehungen relativ, sie wurden vergleichbar,
denn die Unvergleichbarkeit der ersten großen Liebe war verschwunden.

Und nun war ich auf dem Weg zurück in den Norden, und ich würde in Kürze Nadine wiedersehen, und sie bedeutete mir mehr als alle diese Bekanntschaften und kurzen Beziehungen der letzten Jahre, die den Namen eigentlich nicht verdienten, denn ich konnte in ihnen nicht leben. Doch Nadine war zwanzig, und ich zehn Jahre älter; sie hatte fast ihr gesamtes Studium noch vor sich, ich war am anderen Ende, ich lehrte bereits; sie suchte nach ihrem Weg im Leben, während ich auf dem meinem schon ein gutes Stück gegangen war. Ich lebte an einem ganz anderen Ende der Welt, natürlich, noch in Europa, doch Irland ist nicht Italien oder Frankreich, wenn man in Deutschland wohnt. Irland ist weit weg und man reist lange dorthin, und an langen Winterabenden, wenn der Wind heult und man die Nähe des Andern sucht, ist Irland so weit weg wie der Mond, vielleicht sogar noch weiter, denn den Mond kann man noch sehen...

Und doch war es mehr; ich spürte in dieser Nacht am Kai von Patras, daß ich viel mehr mit dieser Frau verband als die einfachen Ideen einer körperlichen Liebe, die glücklicherweise auch geistig war. Sie schien mir vielmehr dieses Ideal zu verkörpern, nach dem ich immer gesucht hatte, es häufig in die Frauen, die ich traf, hineininterpretiert hatte und ebenso häufig gesehen hatte, daß dem nicht so war.

Ich hatte oft Angst davor, mich noch einmal auf eine ernsthafte Beziehung einzulassen, denn ich wollte nicht mehr verwundbar sein, denn ich kannte die Wunden des schnellen Wechsels. Doch Nadine war anders. Sie war mir so ähnlich, daß sie mir wahrscheinlich gar nicht wehtun konnte, und wenn sie es tat, dann konnte ich verstehen, warum. Ich war vielleicht einmal an demselben Punkte gewesen, hatte vor Monaten oder Jahren dasselbe gedacht und gefühlt. Es würde dann nicht so weh tun, denn ich würde ihre Gedanken kennen. Außerdem gab es noch ein anders Argument: Man wird älter zwar mit der Zeit, und man sieht vielleicht manche Dinge klarer, doch dem Ruf des Herzens kann man sich wohl nie entziehen. Nur, wieviel Schmerz nimmt man für ein konsequentes Leben in Kauf, und wann beginnt die Bequemlichkeit, wann tötet man die Stimme in sich und läßt die Umstände seines Lebens bestimmen?

III. Am Ende des Regenbogens

Im Nordwesten Deutschlands konnte man gegen Ende August schon die ersten Vorboten des Herbstes ausmachen, wenn man frühmorgens durch den Wald lief: die Luft war schon kühl, sicherlich, über Mittag wurde es noch richtig heiß, doch auch die Tage waren schon merklich kürzer. Der Wald, mein Wald, war immer noch derselbe: knapp hinter der Bahnschranke ging es auf dem geschotterten Weg hinein, geradewegs bis in das Herz des Grüns, wo die Bäume zwanzig Meter hoch waren und ihre Kronen wie das Dach einer Halle trugen. Durch diesen Wald war ich gelaufen, seit ich das Laufen als ein körperliches und geistiges Bedürfnis entdeckt hatte - das muß so mit dreizehn gewesen sein.

Von dieser Stelle im Wald, an der mein Bruder einmal beinahe im nur hüfttiefen Wasser ertrank, war es nur ein kleines Stück bis zum Rhein, der hier, eingepfercht und stinkend, zwischen zwei Deichen dem Meer entgegenströmte. Dennoch, trotz seines Geruches und der Allgegenwärtigkeit der Industrie durch ihre hundertemeterhohen Schornsteine, waren diese zehn Kilometer meine bevorzugte Laufstrecke, immer schon gewesen, und wahrscheinlich noch bis ans Ende meiner Tage.

Natürlich gab es schönere Ecken der Welt, die ich schon unter meinen Sohlen hatte, der Uferweg am Issyk Kul See in Kirgisien zum Beispiel, die Oasenstadt Buchara in Usbekistan, auch die Berge Wicklows und die Strände der Ägäis kommen mir in den Sinn, doch meine Heimstrecke blieben mir immer die zehn Kilometer von meinem Elternhaus durch den Wald zum Rhein, hinunter bis zum Kraftwerk und zurück durch den Wald: eine lockere Dreiviertelstunde zu jeder Jahreszeit.

Für mich war das Laufen immer wertvoll, weil ich mich in der gleichförmigen Bewegung entspannen konnte und alle Probleme abarbeitete; immer, wenn ich vom Laufen zurückkehrte, hatte ich einen Ansatz zur Problemlösung oder eine neue Idee oder so etwas. Laufen macht kreativ.

Gerade in diesen letzten Augusttagen konnte ich eine Menge neuer Ansätze wohl brauchen, und neue Ideen, wie ich die nächsten Monate meistern sollte.

Ich war in Nürnberg gewesen.

Das gemischte Gefühl hatte angehalten, bis ich auf ihre Klingel drückte und Nadine öffnete. Dann war es wie weggeblasen; ich wurde überwältigt vom Wiedersehen und vermochte kaum zwei, drei Sätze hervorzubringen. Gerade etwas mehr als zwei Wochen waren seit unserem letzten Tag in Athen vergangen, und dennoch erschien es so unglaublich lange.

Nun war sie da, und sie war so präsent wie in Griechenland. Ich weiß nicht, für wie lange wir in enger Umarmung in der Haustüre standen, bis ihre Mutter ebenfalls erschien und Nadine mich ihr vorstellte. Keine Frage, woher Nadine ihre Schönheit hatte, ihre Mutter war Inderin, eine großgewachsene, dunkelhäutige und dunkeläugige Frau von Mitte vierzig, schlank und von großer Präsenz. "Ich habe viel von Ihnen gehört", sagte sie vielsagend und streckte mir die Hand zur Begrüßung entgegen, "willkommen bei uns. Haben Sie Hunger? Sie müssen Hunger haben nach der langen Fahrt. Kommen Sie doch herein..."

Die Wohnung war schön, mit viel Liebe eingerichtet, voller Photos - offensichtlich Arbeiten des Vaters - und einer Menge indischer Einrichtungsgegenstände. Ich weiß schon nicht mehr, was es zu essen gab - es war wohlschmeckend, sicherlich - doch ich hatte nur Augen für Nadine. Der Zauber war wieder da; es war ihr Zauber und nicht nur die Urlaubsstimmung.

Irgendwann später saßen wir auf dem Balkon in der warmen Abendsonne, tranken italienischen Rotwein und genossen unsere Zweisamkeit. Wir erzählten und erzählten und sagten uns im

Grunde nur, wie froh wir waren, wieder beieinander zu sein. Wir entluden den Beiwagen und sie freute sich wie ein Kind, ihren Kelim wiederzusehen und die Kamellederschuhe, die wir in Fethíye gekauft hatten. Und dann der Samowar: er hatte zwar noch ein paar Beulen mehr bekommen, dennoch war er unser Samowar geblieben; viele der Dellen erzählten von unserer Fahrt durch die Türkei und wir ließen die Geschichten wiederauferstehen.

Sie wollte, daß ich ihn mit nach Irland nehme, "An langen Winterabenden ist ein Samowar genau das, was du brauchst", sie pries ihn mir an wie ein orientalischer Teppichhändler seine Ware, die Arme nach vorn gestreckt und die Augen voller Aufrichtigkeit und Ehre, "ist auch nicht teuer, gar nicht teuer; und, kannst du sehen hier, nur von beste Qualität, alles ohne Rost hier." Sie sah zum Schießen aus, dennoch blieb der Samowar in Nürnberg. "Dir wird er mehr nützen, denn du bist jünger als ich. Du kannst noch Tee aus ihm trinken, wenn ich schon keinen mehr brauche."

"Sag sowas nicht - auf deine morbiden Späße stehe ich gar nicht." Aber dann lachte sie wieder, und ich mit ihr. Ich war verliebt und voller Hoffnung.

Die zwei Tage in Nürnberg waren schön, sehr schön, und ließen meine Zweifel der letzten Tage vergessen; ihre Anwesenheit ließ keine Frage offen. Und dann kam wieder ein Abschied, der nicht leicht war, der mir wesentlich schwerer fiel als ihr. Sie war sich sicher, daß wir uns in ein paar Wochen wiedersehen würden, Weihnachten war ja nicht mehr weit. Sie war sich sicher, und ich hoffte es. So vieles konnte bis dahin noch passieren. Ich wußte mehr, als ich ihr sagte und genoß ihr leichtes Herz. Ich wäre gern länger bei ihr geblieben, aber mein Semester begann bald, es galt, noch Vorbereitungen zu treffen und wenigstens für einen oder zwei Tage bei meinen Eltern vorbeizuschauen.

Ich brachte sie noch zur Arbeit an diesem Montagmorgen, im Seitenwagen, wie einst in Griechenland, und entließ sie am Haupteingang des Verlagshauses. "Bald", sagte sie, "und zweifle nicht, ich werde bei dir sein, im Geiste und hoffentlich bald wirklich. Mach's gut, Liebster." Dann verschwand sie zwischen den in das Gebäude drängenden Menschen und ich in Richtung Nordwesten. Der unbeschwerte Abschied zweier Menschen, die überzeugt sind, sich bald wiederzusehen...

Das Heimkehrergefühl dauert in der Regel nicht länger als einen Tag, dann ist wieder alles beim alten - die Reise wird zur Erinnerung, das Fernweh nimmt wieder überhand. Es bleibt höchstens noch die Freude darauf, den Freunden die Reisege-schichten zu erzählen, die Photos zu sortieren und das Reisege-päck auszuladen und all die Dinge vor sich hinzustellen, die man aus den fernen Ländern mitbrachte. Meistens ist die Vorfreude darauf grösser als das tatsächliche Ereignis, die Wiedersehens-freude erlischt schnell, die Waschmaschine hat in kurzer Zeit so-wohl die Weinflecken aus Südtirol als auch die mit dem Straßen-staub der halben Türkei durchsetzte Jeans herausgewaschen. Die Photos sind in der Regel eine Enttäuschung; sie reflektieren nur einen Teil dessen, was man an Eindrücken mitbringt und setzen ganz andere Reiseschwerpunkte.

Viele Ereignisse, die ich nicht photografieren konnte, die ich jedoch für wichtig hielt, treten in den Hintergrund, weil es kein Photo gibt, andere werden, nur weil es ein Photo gibt, in ihrer Wichtigkeit überhöht. Dieses Mal war es etwas anders, weil ich ja schon fast alle Filme in Griechenland entwickeln ließ.

Drei Tage am Niederrhein, zwei Geburtstage, ein Grillen im Garten, Verwandte, Lachen, Bier und Spätsommerhitze, dann packte ich wieder alle meine Sachen und fuhr zurück nach Irland. Früher war das ein ganzer Sommerurlaub gewesen, jetzt ist es nur der Appendix einer Reise, ein Extrastück ohne großen Reiz.

Früher machte ich meine Maschine urlaubsfit für einen Trip nach Irland, jetzt erwartete ich einfach, daß das Motorrad diese letzten 800 Kilometer ebenso locker wegsteckte wie die letzten 13.000. Entfernungen sind eben relativ.

Auf der Nachtfähre von Rotterdam nach Hull traf ich rudelweise Motorradfahrer; die meisten fuhren nach Schottland, zwei auch nach Irland. In der Bar brüteten sie über Landkarten und gaben sich gegenseitig Tips und gute Ratschläge. Ich ging an Deck und saß im Abendwind, bis es dunkel wurde. Dann ging ich ins Bett. Ich mochte kein Benzin mehr reden. Ich fühlte mich sehr allein.

IV. Zur Neige

Das alles ist drei Monate her. Drei Monate erst und doch eine ganz andere Zeit, eine andere Dimension, ein anderes Leben - überhaupt ein Leben.

Es ist November in Irland, November in Deutschland und November in mir. Seit einer Woche arbeite ich nicht mehr - es geht nicht mehr, die Schmerzen werden zu groß. Die Attacken werden zu häufig und machen es mir unmöglich, ein normales Leben fortzusetzen. An der Universität haben sie sich um einen Ersatz für mich bemühen müssen und alles, was sie wissen, ist, daß ich für die Dauer dieses Semesters ausfallen werden. Niemand sonst weiß etwas, außer Frank, und ihn habe ich um Stillschweigen gebeten. Es ist leicht, die Freunde jenseits des Meeres, das ich nie wieder überqueren werde, in Sicherheit zu wiegen - am Telefon klinge ich fast normal, der sie allenfalls störende Unterton ist mit der vielen Arbeit hier leicht zu entschuldigen. Ich schreibe weniger; wenn man schreibt, ist man aufrichtiger. Ich mag jetzt nicht aufrichtig sein.

Ich schreibe diesen Sommer im Süden; mehr schaffe ich nicht mehr. Die Schmerzen sind oft ungeheuer, es ist, als würden Explosionen im Bauch stattfinden. Solange der Schmerz latent und unterschwellig vorhanden war, konnte ich etwas dagegen tun, mich alkoholisieren, später Morphium, doch seitdem ich aus dem Süden zurückgekehrt bin, lebe ich mit einer anderen Qualität von Schmerz, oder sagen wir es so: er geht anders mit mir um, verzehrt mich wilder, brutaler, fast denke ich, leidenschaftlicher.

Der Arzt sagte, er könne nicht mehr viel für mich tun, doch das hatte er ja auch Anfang Juni schon gesagt, mir damals allerdings noch die Hoffnung einer Operation gelassen mit anschließender Therapie - man kennt das ja. Haarlos, fahl, blaß und auf den ersten Blick ersichtlich krank, das war genau das, was ich nicht wollte, deswegen war ich losgefahren, und jetzt, im nachhinein, am Ende sozusagen, bereue ich es nicht. Ich wußte, daß die schlimmste Zeit jene paar Tage, Wochen oder Monate zwischen meiner Rückkehr und dem Ende werden würden, und genauso ist es auch gekommen.

Die Degenerierung wird plötzlich bemerkbar; während ich in den letzten drei oder vier Jahren vor allem in meinem Lauftraining merkte, daß ich nicht mehr so schnell wie noch vor zehn Jahren war und nach einer durchzechten Nacht eine längere Zeit der Erholung brauchte als früher, ist die Degression nun ein beinahe tägliches Phänomen: Ich schaffe es nicht mehr, einen ganzen Korb Torf für den Kamin aus dem Schuppen ins Haus zu tragen, sondern laufe mehrmals täglich mit einem kleinen Eimer. Ich habe meinen Körper immer geliebt, und jetzt tut er mir leid.

Es gäbe so vieles zu regeln, so viele Menschen anzurufen, um mich von ihnen zu verabschieden, denn das Urteil ist endgültig, ich spüre es jeden Tag stärker, doch ich will nicht. Ich liebe noch immer die Normalität in ihren Stimmen, wenn sie mir am Telefon von ihren Familien erzählen, von einer Theateraufführung, dem neuen Buch unseres alten Professors, das sie mir zu schicken versprechen und den vielen, tröstenden Banalitäten des Lebens...

Das ist alles in Ordnung, ich mache mir deshalb keine Vorwürfe, vielleicht werden sie mich ja sogar verstehen, vielleicht sind diese Zeilen nicht umsonst; doch Nadine beschäftigt mich. Sie weiß zu wenig von mir und wird mein schweigendes Abtreten nicht verstehen, sie wird sich zurückgestoßen fühlen, um ihr Vertrauen mißbraucht. Egal, wie ich einen Brief an sie entwerfen würde, welche Sätze ich schreiben würde - ich habe dennoch den Eindruck, daß ich meinem Gefühl für sie durch Worte keinen Ausdruck mehr verleihen kann. Meine ganze Reise, all die Wochen im Süden, waren Teil meines Konzeptes; wie könnte ich ihr begreiflich machen, daß ausgerechnet sie kein Teil meines Konzeptes war, daß unser begonnenes Verhältnis miteinander unbeabsichtigt, aber nicht ungewollt war? Wie könnte ich je ihrer Person gerecht werden, ihre volle Liebe mit meinen dürren Worten aufwiegen?

14.11.

Jede Erklärung an sie müßte zumindest die Länge meines Lebens haben, damit sie fühlt, was sie mir bedeutet. Die Zeit läuft mir davon...

16.11.

Ich werde Frank bitten, ihr das Stück Leder zurückzuschicken. Ich kann nicht mehr länger darauf aufpassen. Das wird sie verstehen...

20.11.

Heute schien die Sonne. Ich bin in den Schuppen gegangen, habe das Tor weit aufgemacht und das Gespann angelassen. Dann bin ich die Straße heruntergefahren und bis in die Dünen. Die letzten Meter bis ans Meer bin ich gegangen. Der Ostwind trieb den Geruch des Meeres zu mir heran.

Wunderbar!

Es roch nach Meer, Fisch und Ferne. Ich wünschte, ich könnte noch einmal, nur einmal noch...

24.11.

Habe Lisa angerufen und ihr zum Geburtstag gratuliert. Erst wollte sie gar nicht mit mir sprechen; ich kann es ja verstehen. Sie ist so ein netter Kerl, und es tut mir alles fürchterlich leid.

In ein paar Tagen werde ich sie anrufen und ihr alles erzählen, von der Krankheit, vielleicht auch von Nadine, aber das glaube ich nicht. Sie hat jemand besseren verdient, jemand mit weniger Flausen im Kopf.

25.11.

Gestern war ich noch einmal mit Frank im Pub. Am Freitag sind sie immer alle da, die Leute aus der Nachbarschaft. Nach zwei Pints wurde mir schlecht, und Frank brachte mich nach Hause. Dennoch war es gut; ich habe gesehen, daß das Leben weitergeht: sie rauchen und trinken und lachen, und Jimmy brachte wie immer seine Geige mit. Schade, daß ich ihn nicht mehr spielen hörte.

Heute morgen bin ich zusammengebrochen; ich habe den Doktor angerufen, jetzt hat es keinen Zweck mehr. Es ist vorbei; sie werden kommen, mich abholen und ins Krankenhaus bringen. Vorletzte Haltestelle.

Frank ist auch da und packt mir ein paar Sachen zusammen, ein paar Bücher, wozu? Ich gebe nach, und es wird nicht mehr lange dauern.

Frank wird allen Bescheid sagen. Das Stück Leder schickt er nach Deutschland.

Der Katzennapf ist voll, aber die Katze nirgends zu sehen.

Nichts mehr zu tun, oder unendlich viel, ganz wie man's sieht.

Die Sonne scheint auf die Hügel, in der Ferne glitzert das Meer im Morgenlicht.

Ich habe jetzt keine Angst.

10:30

Sie werden nun gleich kommen.

Zeitfracht Medien GmbH
Ferdinand-Jühlke-Straße 7
99095 Erfurt, Deutschland
produktsicherheit@kolibri360.de